걸어온 역사
나아갈 역사

걸어온 역사
나아갈 역사

마석한 지음

행복한 세상

태국에는 알비노 코끼리Albino Elephant라는 하얀 코끼리White Elephant가 있다. 멜라닌 색소가 없어 몸 전체가 하얗다. 태국인들은 이 하얀 코끼리를 신성한 동물로 간주하여 일을 시키지 않는다. 일을 시키면 벌을 받는다. 이 코끼리는 먹는 양이 어마어마하다. 수명도 매우 길다. 많이 먹고 오래 살지만 주인에겐 도움이 안 되는 존재다. 태국 왕은 자신에게 충성하지 않는 신하에게 하얀 코끼리를 선물한다고 한다. 그 신하는 쓰임이 없는 이 코끼리를 먹이고 관리하는 데 엄청나게 돈을 쓰면서 고생해야 했다. 그렇다고 굶길 수도 없었다. 왕이 하사한 선물을 굶겨 죽이는 것은 왕에 대한 반역이 되기 때문이다. 많은 비용과 정성을 들이지만 어디에도 쓸모가 없고 오히려 골치 아픈 존재다.

하얀 코끼리 얘기를 들으면서 지금 우리 역사교육이 하얀 코끼리를 키우고 있는 것 같다는 생각이 들었다. 역사가 단순한 보존용으로 종이와 유리벽 안에 소리 없이 갇혀 있고, 우리는 립싱크하듯 과거를 되뇌고 있을 뿐 그 쓰임이 별로다. 과거와 현재가 서로 별개가 되었고 과거와 현재 사이에 대화가 끊겨 버린 것이다.

'어제는 가는 게 아니라 오는 것이고, 어제가 내일이 된다' 는 것, '뿌리가 깊이 내려갈수록 나무는 높이 자란다' 는 사실을 우리 모두는 잘 알고 있다. 그럼에도 역사교육에서 과거가 현재와 격리되어 있고, 역사가 앞짧은 소리조차 내지 못하고 있다. 역사가 삶의 방향 등이 되리라는 희망이 실망을 넘어 절망으로까지 가버렸다. 역사에 생명이 없다歷死.

멀리 있는 물은 가까운 곳에 난 불을 끌 수 없으며, 달을 가리키는 손가락의 방향이 잘못되어 있으면 달은 보이질 않는다. 역사가 교육적인 이유는 우리에게 역사 자체가 성찰과 반성의 자료가 되며, 좋은 삶을 영위할 수 있도록 길잡이 역할을 해주기 때문이다. 이런 역할을 제대로 해내기 위해서 과거는 현재 곁으로 성큼 다가와야 한다. 유리벽을 깨고, 종이를 뚫고 우리 곁으로, 우리 삶속으로 바짝 다가와야 한다. 다문 입을 열어 우리를 가르쳐야 한다. 세상 살아가는 이치를 이해하는 능력뿐만 아니라 세상이 어떤 모습으로 바뀌어

야 한다고 꿈꾸는 능력까지 가르쳐주어야 한다. 그래야 살아 있는 역사ヵ史가 되고, 그래야만 역사교육답다.

역사교육다운 역사교육이 되려면 어떻게 해야 할까? 이런 점에 주목해서 이 책은 3부로 나누어져 있다. 1부 역사歷史는 역사와 역사교육에 대한 생각이다. 먼저 거울로 비유되는 역사의 의미가 무엇인지, 거울을 보듯 역사를 바라볼 때 유의해야 할 것은 무엇인지 등에 대해 생각해보았다. 역사학이 아닌 역사교육적 관점에서 바라본 역사다. 다음으로는 역사교육에 대한 기본적인 입장을 정리했다. 역사교육의 성격과 특징 및 목적에 대해 서술했다.

2부 역사歷死는 역사교육의 문제점을 지적했다. 시대가 변했다. 사람도 변했다. 역사교육도 변화가 필요하다는 인식에서 출발했다. 민족적 상처도 많이 아물어가고 있고, 역사교육이 정치와 이념의 나팔수 역할을 하던 시절도 반성해야 할 때다. 지는 해가 뜨는 해를 이길 수 없다는 점에서 새로운 해맞이를 위해 역사교육의 어떤 부분들에 변화가 필요한가를 나름대로 지목해보았다. 양적 부담을 줄이고, 어렵다는 세간의 평을 극복해야 할 필요성과 방향을 적어보았고, 또한 '삶 따로 역사 따로'인 역사교육의 현실을 살펴보고, 왜 그것이 문제인지를 살펴보았다.

3부 역사力史에서는 2부에서 지적한 문제점들을 해결하기 위해 몇 가지 제안을 담았다. 시대적 요청, 교육적 필요에 따라 역사교육에도 변화가 필요하고, 그 변화 방향은 어디를 향해야 할 것인지 제시해보았다. 가리키는 방향은 하나다. 바로 '사람'이다. 역사는 사람을 쫓아 흐른다. 인간에 대한 깊은 성찰 없이 인간이 만들어낸 역사를 통찰할 수 없다. 인간의 존엄성을 최우선으로 하는 휴먼역사와 이를 가르치고 배우는 역사교육이 시대 변화를 따르는 것이다. 새 옷을 입기 위해서는 먼저 입고 있던 옷을 벗어야 한다.

마 석 한

제1부 역사 歷史

거울을 뜻하는 한자어 감鑑을 분해해보면, 금金, 신臣, 인仁, 명皿이 나온다.
금金은 쇠를 뜻하고, 신臣은 '신하'라는 뜻 외에 '머리를 숙이다'는 의미도
갖고 있다. 인仁은 사람人을 대신해서 쓰기도 하며, 명皿은 물그릇을 나타낸다.
파자破字된 이 세 글자 신臣, 인仁, 명皿의 뜻을 모아보면 '사람이 머리를 숙여
자신을 물에 비추어 보다'는 의미가 된다. 여기에 쇠 금金이 더해졌으니
이때 거울은 물거울이 아닌 쇠거울을 나타낸다고 하겠다.
예로부터 책이름에는 한자 감鑑을 많이 사용했다. 중국 송나라 사마광이 쓴
『자치통감』資治通鑑, 조선시대 서거정이 집필한 『동국통감』東國通鑑
그리고 우리에게 널리 알려진 허준의 『동의보감』東醫寶鑑 등이
그 사례들이다.
이렇게 옛 서적에 거울을 뜻하는 한자어를 많이 사용한 이유는
거울이 갖는 특징 때문이었다.

거울은 화장을
하지 않는다

사진을 보통 '종이 거울'이라고 한다. 피사체를 실제 모습 그대로 재현해준다는 점에서 사진도 거울과 다를 바 없다고 생각한 것이다. 하지만 사진은 거울만큼 솔직하지 못하다. 사진이 보여주는 이미지는 찍는 사람의 선택에 의해 간추려진 현실이다. 셔터 속도나 조리개를 조절하거나 다양한 필터를 사용하여 특수 효과를 덧붙인다. 순수한 '생얼'이 아니다. 그런 이유 때문에 '현실로부터 비롯된 것이면서도 동시에 허구'라는 지적을 받는다. 더군다나 오늘날에는 사진을 '찍는다' take a picture는 말보다 사진을 '만든다' make a picture 는 표현이 더 적절한 시대가 됐다. 다양한 IT기술의 발달로 소위 '뽀샵'이 크게 유행하면서 '있는 그대로'가 아니라 '원하는 그대로' 사진이 만들어 지고 있다. 사진이 화장을 하는 것이다.

한편 사진은 편파적이다. 앨범 사진을 펼쳐보자. 그 사진 가운데 슬프게 우는 사진과 환하게 웃는 사진 중에 어느 것이 많은가. 출산, 생일, 입학, 졸업, 기념일, 결혼식 등에서 찍은 우리의 사진들은 한결같이 두 손가락으로 V를 그리며 '김치~' 하고 웃고 있다. 반면 수술실이나 장례식장에서 사진을 찍는 것은 극히 예외적인 경우다. 설령 우는 사진일지라도 그것은 기쁨과 감동에서 나오는 눈물인지라 울음 속에 웃음이 더 진하게 보인다. 사진은 슬픔과 아픔을 싫어한다. 사진은 웃음과 밝고 예쁜 것을 선호한다. 따라서 사진은 삶의 앞과 뒤를 담고 있는 것이 아니라, 반짝이는 앞모습만 골라서 보여준다. 그래서 사진은 편파적이다.

거울은 그렇지 않다. 거울은 정직하다. 사람이 웃건 울건 상관없이 거울 앞에만 서면 그 속에는 항상 똑같은 모습이 붕어빵처럼 나타난다. 파란색 원을 비추면 절대로 빨간색 원이나 파란색 네모를 보여주지 않는다. 절대 거짓말을 안 한다. 아니 거울에게는 거짓말이란 단어 자체가 없다. 빨간 거짓말은 물론 하얀 거짓말조차도 모른다. 만약 거울이 눈치껏 하얀 거짓말이라도 할 줄 알았더라면 우리의 백설공주가 그 죽을 고생은 절대 하지 않았을 것이다. 정직해도 '너무' 정직하다. 그래서 미덥다.

거울은 또한 공평하다. 부자건 가난하건, 키가 크건 작건 차별하지 않고 내가 웃으면 거울도 웃고, 내가 화내면 거울도 딱 그만큼만 화를 낸다. 단 한 번도 먼저 웃어주는 법이 없다. 정말 '쿨' 하다. 더

하고 빼는 것이 없이 '있는 그대로' 보여줌으로써 숨기는 것이 없다. 거울 뒤에는 아무것도 없다. 뒤끝이 없다.

이러한 정직함과 공평함 때문에 거울이 사진보다 더 객관적이고 믿을 만하다. 냉정하게 느껴질 때도 있지만, 바로 그런 까닭에 '진실의 거울'이라는 신뢰의 이름을 얻었다. 보태는 것도 감추는 것도 없이 거울 안에 보이는 것이 전부다.

이처럼 정직하고 공평한 거울. 근대 역사학의 아버지라고 불리는 랑케Leopold von Ranke(1795~1886)의 사랑을 받기에 충분하다. 랑케는 '본래 있던 그대로' wie es eigentlich gewesen war를 보여주는 것이 역사가의 임무라고 강조하면서, 역사에다가 역사가의 지문이나 손때를 묻히지 말라고 경고했다. 역사가의 주관적인 감정과 판단을 배제하고 거울에 비춰지는 것처럼 '있는 그대로'의 객관적 사실史實을 사랑하라고 강조하고 있다. 그런 점에서 '있는 그대로'를 비추는 거울은 바로 랑케의 거울이라 할 수 있다.

나는 내 눈으로
나를 보지 못한다

고흐는 40여 점의 자화상을 그린 것으로 유명하다. 그는 자신의 얼굴을 어떻게 알고 그렸을까? 거울을 이용했다고 한다. 큰 거울을 앞에 두고 자신의 모습을 자세히 들여다보면서 자기 모습을 그렸다고 한다.

우리에게는 자기 자신을 볼 수 있는 눈이 없다. 내 눈으로 내 얼굴을 볼 수가 없다. 아무리 눈이 밝아도 자신의 코와 눈, 입과 귀 가운데 볼 수 있는 것은 아무것도 없다. 그래서 우리의 눈은 나 아닌 타인을 보기 위해 조물주가 만들었다는 말까지 한다. 그럼 내 얼굴을 보려면 어떻게 해야 하나. 거울에 비춰보면 가능하다. 거울만이 자신이 지금 어떤 모습을 하고 있는지 확인시켜준다. 만약 거울이

없다면 나는 나를 모르는 채 살아갈 것이다.

거울에 얽힌 옛이야기 하나를 보자. 거울을 생전 처음 보는 사람들이 엮어내는 우스운 광경을 담고 있는데, 불식경설화不識鏡說話 또는 다른 이름으로 부처송경설화夫妻訟鏡說話라고 부른다.

어느 시골에 사는 한 여자가 한양에 가면 시장에서 신기한 물건을 판다는 말을 들었다. 이름은 모르고 생김새가 보름달과 같다는 것만 알고 있었다. 하도 신기한 물건이라는 풍문에 아내는 궁금해 하던 차에 남편이 서울에 갈 일이 생기자 사다 달라고 간청했다. 그때가 마침 둥근 보름달이 뜰 때였던지라 거울이란 이름을 몰랐던 아내는 달을 가리키며 저 보름달처럼 동그랗게 생긴 물건을 사오라고 했다.

아내의 부탁을 받고 한양으로 떠난 남편이 드디어 서울에 도착했다. 그런데 서울에 도착해서 달을 보니 반달이 되어 있었다. 남편은 아내가 사오라고 한 것이 반달 모양의 머리빗인 줄 알고 빗을 하나 샀다. 일을 마치고 다시 집에 돌아오니 다시 보름달이 뜰 무렵이 되었다. 돌아온 남편에게 아내가 보름달을 가리키며 자신이 원하는 게 머리빗이 아니라고 하자, 남편은 서울의 달과 시골의 달이 다르다고 하면서 희한하다고 생각했다.

그후 남편이 다시 서울에 갈 기회가 생겨 마침내 부인이 원하던 거울을 사 왔다. 기쁨과 호기심에 들뜬 부인이 거울을 들여다보고는 깜짝 놀란다. 거울 속에 생전 처음 보는 여자가 자신을 쳐다보고 있는 것이 아닌가. 자기 얼굴을 한 번도 본 적이 없던 부인은 남편이 다른 여인을 데려온 것으로 오해하고 몹시 화를 냈다. 당황스럽고 억울했던 남편이 거울 속을 보고는 소스라치게 놀랐다. 거울 속에 생전 처음 보는 젊은 남자가 들어 있는 게 아닌가. 남편은 아내가 다른 남자를 원했던 것으로 착각하고 크게 분노하였다. 그 일로 부부가 서로 다투다가 끝내는 사또에게로 갔다. 그런데 마을 사또가 그 거울을 들여다보고 뒤로 자빠졌다. 거울 속에는 관복을 입고 무서운 얼굴을 하고 있는 처음 보는 사또가 있는 것이 아닌가. 사또는 자신을 쫓아내기 위해 새로운 사또가 온 것이라 생각하곤 기겁을 했다.

그렇다. 거울이 없으면 나는 나를 보지 못한다. 자신의 실체를 파악할 수 없는 것이다. 거울을 봐야 비로소 자신의 모습을 자각하고 그때서야 자신의 정체성이 제대로 갖추어지게 된다. 이게 거울의 역할이다. 스스로를 이해하고 파악하는 자기이해의 도구로써 거울은 자신의 역할을 다한다.

사람이 자신의 정체성을 알아가기 시작할 때가 대략 생후 6개월 전후라고 한다. 이 무렵부터 아이는 거울을 보고 자신의 신체 부위를 하나하나씩 깨닫게 되고, 이런 단편적인 자화상은 시간이 지나면서 하나의 통일된 자아로 발전하게 된다. 이렇듯 자아의 통일은 거울을 통해서 시작되고 거울을 통해 완성되어 간다. 결국 나는 거울을 통해 나를 알게 되는 것이다.

은나라 거울은
멀리 있지 않다

거울은 자아의 확인 및 각성을 뜻하는 이미지로 쓰인다. 직접 볼 수 없는 자신의 모습을 확인해 주는 매개체가 거울이며, 또 그 속에 비친 자신의 모습을 보고 스스로 깨닫고 몸과 마음을 추스르게 해주는 자아 각성의 역할도 한다. 한마디로 거울은 자기 성찰의 도구인 것이다.

거울의 자아성찰 기능에 특히 주목한 사람이 있다. 현대 경영학의 구루guru라고 불리는 피터 드래커다. 그는 매일 아침 거울을 보라고 권한다. 거울 안에 들어 있는 자신을 보면서 스스로를 점검하고 바른 몸가짐을 살피고 의지의 목소리를 들으며 하루를 시작하라는 것이다. 피터 드래커는 이것을 '거울 테스트'라고 불렀다.

'바둑의 거울' 이란 말도 있다. 프로바둑기사들 사이에서 널리 쓰는 용어라고 한다. 바둑은 가로세로 각각 열아홉 줄을 그어 361개의 교차점이 그려진 바둑판 위에서, 흰 돌과 검은 돌을 번갈아 놓아 만든 집의 크기로 승부를 겨루는 경기다. 혹시 바둑에서 최고의 스승은 누군지 아는가? 조치훈, 조훈현, 서봉수, 이세돌 ……. 아니다. 바둑의 최고 스승은 바로 복기復棋라고 한다. 대국大局을 끝마친 후에 처음부터 다시 순서대로 따라 두면서 승패의 원인을 분석하는 것이 복기다. 대국을 마친 바둑기사들은 곧바로 복기를 시작한다. 다음 시합을 위해 이미 끝난 경기를 살펴보는 것으로 대국을 마무리한다. 이 복기를 바둑의 '거울' 이라고 부른다. 지난 경기를 살펴보면서 부족했던 부분이나 실수 등을 되짚고, 새로이 더 배울 것을 찾으려는 노력이 바로 '바둑의 거울' 이란 말로 표현된 것이다.

거울은 사람을 바르게 해준다. 머리가 헝클어졌으면 헝클어진 대로, 옷매무새가 흐트러졌으면 그 모습 그대로 보여준다. 머리가 헝클어졌고 옷이 흐트러진 것을 우리는 거울을 봐야 비로소 알게 된다. 거울을 본 후에서야 비로소 헝클어진 머리를 단정하게 하고, 흐트러진 옷매무새를 가지런히 한다照鏡子整衣冠. 거울이 없다면 못한다.

옛 기록에도 거울은 자기반성과 교훈을 상징하는 뜻으로 사용되었다. 은감殷鑑이라는 말이 있다. '은나라 거울' 이라는 뜻이다. 『시경』詩經 「대아大雅편」 탕시湯詩에 나오는 '은감불원 재하후지세' 殷鑑不遠 在夏侯之世에서 나온 단어다. 전체 문장의 뜻을 보면, '은나라가 거울로 삼아야 할 것이 그리 멀리 있지 않고 하나라 걸桀왕 때에 있다' 는 의미다. 그 배경은 이렇다. 은나라의 마지막 왕은 주紂왕이었다. 주왕은 백성을 위해 어진 정치를 베풀었다. 하지만 달기妲己라는 여인을 아내로 맞고 난 뒤부터 완전히 달라졌다. 달기는 은에게 정복당한 나라에서 공물로 바쳐진 여자다. 그녀는 주왕을 원수처럼 여기며 은나라가 망하기를 학수고대하고 있었다. 그런데 달기의 이런 속내를 모르는 주왕은 이 여인에게 푹 빠져 술과 향락에 취해 지냈다. 그러는 동안 나랏일은 엉망이 되고, 백성들의 생활은 날이 갈수록 어려워졌다. 이를 보다 못한 충신 서백西伯이 과감하게 진언進言을 한다. 하夏나라 걸桀왕을 거울삼아 같은 길을 밟지 말아야 한다고. 하나라 걸왕은 원래 용감하고 지략이 뛰어났다. 하지만 그도 정복한 나라에서 바친 말희末喜라는 미녀에게 정신이 홀려 나라를 멸망으로 몰고 갔다. 서백은 주왕이 계속 달기에게 홀려 방탕한 세월을 계속하게 되면 하나라 걸왕 꼴이 될 수 있으니 조심하라고 충언을 한 것이다. 하지만 어림도 없었다. 어리석은 주왕은 그 말을 듣기는커녕 오히려 서백을 무례하다하여 중벌을 내린다. 결국 서백의 염려대로 은나라는 멸망하고 말았다.

이런 배경에서 비롯한 '은나라 거울이 멀리 있지 않다' 는 말은 지나간 역사를 잘 살피고 본받아 올바른 언행을 하라는 경구警句였다. 과거를 거울로 삼아 행동거지를 바르게 하라는 가르침이 담겨 있는 것이다.

단군신화에도 거울이 등장한다. 환인이 인간세상으로 내려가는 아들 환웅에게 청동거울을 선물한다. 거울에 해를 반사시켜 백성들에게 비춤으로써 광명光明정치를 하라는 의미와 더불어 항상 거울로 자신을 비춰보며 왕으로서 자신을 반성하고, 어진 성품으로 백성을 다스리라는 뜻도 함께 담고 있다. 그가 지니고 있던 거울은 '자아성찰의 거울'인 동시에 '지혜의 거울'인 것이다.

지금까지 보았듯이 예로부터 거울은 어떤 일의 '본보기', '교훈' 등을 상징했다. 지난 일을 거울로 삼아 앞으로 바르게 살아가라는 가르침, 즉 옛것을 타산지석他山之石으로 삼으라는 충고를 거울이라는 이미지에 담아 전했던 것이다.

거울 속 나는
악수를 모르는 왼손잡이다

거울은 거짓말을 하지 않지만 그렇다고 전적으로 믿을만한 것은 아니다. 주의해야 할 점도 여럿 있다. 시인 이상이 쓴 '거울'이라는 시詩를 먼저 보자. 참고로 이 시는 띄어쓰기가 전혀 없다.

거울속에는소리가없소
저렇게까지조용한세상은참없을것이오

거울속에도내게귀가있소
내말을못알아듣는딱한귀가두개나있소

거울속의나는왼손잡이오
내악수(握手)를받을줄모르는-악수를모르는왼손잡이요

거울때문에나는거울속의나를만져보지를못하는구료마는
거울이아니었던들내가어찌거울속의나를만나보기라도했겠소

나는지금(至今)거울을안가졌소마는거울속에는늘거울속의내가있소
잘은모르지만외로된사업(事業)에골몰할게요

거울속의나는참나와는반대(反對)요마는
또꽤닮았소
나는거울속의나를근심하고진찰(診察)할수없으니퍽섭섭하오

첫째, 거울은 말을 할 줄 모른다. 우리가 기대하는 '교훈' 이나 '성찰' 에 대해 일체 입을 다물고 있다. 묵묵히 '지금' 을 보여줄 뿐이다. 귀로 들을 수 없는 거울의 말은 결국 마음과 생각으로 들어야 한다. 거울을 보는 것도 '나' 고 그를 통해 각성과 성찰 및 가르침을 찾아내는 것도 '나' 다. 따라서 거울은 보는 것으로 끝나는 것이 아니라, 거울에 담겨 있는 대상의 진실한 모습을 직시直視할 필요가 있다. 직시란 중간에 무언가를 두고 보는 것이 아니라 나와 대상이 직접 맞닥뜨리는 것이다. 선입견이나 자신의 신념 혹은 외적 프레임에 의해 나와 대상 사이에 필터를 두어서는 안 된다. 그래야 거울이 하는 말을 정확하고 분명하게 들을 수 있다.

두 번째 주의할 것은 거울의 시선은 나와 반대다. 거울은 자기 앞에 서 있는 사람을 좌우로 바꿔서 보여준다. 진실을 보여준다지만, 거울 모습은 반사경이므로 오른손잡이가 왼손잡이로 둔갑한다. 좌우가 바꾸는 것이다. 명확하게 식별할 수 있는 분별력을 갖지 않으

면 착각을 일으키거나 왜곡을 불러올 수도 있다.

셋째, 거울은 뒷모습을 보여주지 않는다. 앞모습만 보여준다, 하지만 사람이나 역사에는 뒤가 있다. 오히려 역사는 '뒷모습'에 진실이 숨겨져 있을 때가 많다. 그럼에도 거울은 속내를 알려주지 않는다. 때문에 거울이 보여주지 않는 속 모습을 들여다보려는 노력이 반드시 필요하다. 앞모습만 보고 성급하게 판단하거나 결정짓는 실수를 하지 않도록 경계해야 한다. 사물을 훤히 꿰뚫어 보는 통찰력이 역사의 거울 앞에 서는 우리가 갖춰야 할 기본 능력이다.

넷째로 거울 속 나는 '참 나'가 아니다. 거울을 통해 나는 나를 보지만, 그 모습은 참모습이 아니다. 거울을 보며 내가 나라고 생각하는 것, 내가 나라고 주장하는 것은 그 일부에 불과하다.

영어에서는 '내가 보는 나'와 '타인이 보는 나'를 명확하게 구분한다. 타인이 보고 느끼는 나를 소위 '사회적 자아'라고 하여 'me'로 표현하고, 내가 생각하는 '나'는 '주체적 자아'로 'I'를 사용한다. 거울을 통해 보는 나는 주체적 자아인 'I'이다. 남이 보는 '나'인 me와는 '꽤 닮았으면서도' 다르다. 자아의 '참모습'이란 결국 주체적 자아와 사회적 자아가 합쳐질 때 비로소 보이는 것이므로 '참 나'를 알기 위해서는 타인에게 기댈 수밖에 없다. '물을 거울로 삼지 말고 사람을 거울로 삼으라' 不鑑於水鑑於人라는 옛말의 의미를 깊이 새겨야 할 것이다.

마지막으로 거울은 현실에 충실하다. 거울은 과거를 묻지도 않고 기억하지도 못하며, 과거에 연연하며 매달리지도 않는다. 거울엔 과거뿐만 아니라 미래도 없다. 다가올 미래에 대해 허망한 꿈을 꾸거나 헛된 시간을 낭비하지 않고 오직 현재에 전념할 뿐이다. 영사기의 렌즈처럼 바로 순간의 모습만이 보일 뿐 그 전과 후는 전혀 보이질 않는다.

그러나 거울에서 안 보인다고 없는 것은 아니다. 현재는 과거의 결과이며 동시에 미래의 출발이다. 따라서 역사의 거울을 통해 현재를 보면서 이에 머물러서는 안 된다. 역사의 거울을 통해 현재를 보면서 '현재의 어버이'인 과거도 돌아보고, '현재의 자식'인 미래도 함께 찾아보아야 한다. 지금을 사는 우리가 역사의 거울을 들여다보는 가장 큰 이유는 내일의 바람직한 삶을 위해 필요한 가르침을 구하기 위해서다. 따라서 거울에서 안 보이는 과거와 미래를 더욱 찾으려고 애써야 한다. 그렇다. 역사의 거울은 벽에 걸려 있는 평면거울과 달리, 시간의 앞과 뒤를 함께 보여주는 입체적인 '3D 거울'이다.

자동차에는 '백미러' back mirror가 있다. 말 그대로 뒤를 보는 거울이다. 이 백미러는 목적지를 향해 안전하게 운전을 하려는 목적으로 이용되는 거울이다. 백미러를 보는 것은 결국 '앞을 위해 뒤를 살피는 것'이다. 역사를 배우는 것은 고개를 뒤로 돌려 과거를 살피는 일에서 시작된다. 역사는 한자어로 '지날 력' 歷을 쓴다. 지나간 과거의 사실들이 바로 역사교육의 '쌀'이다. 그렇다고 해서 역사교육이 과거에 어떠한 일이 일어났다는 단순한 사실을 확인하는 것으로 끝나는 것은 아니다. 그러한 사실에서 어떤 교훈을 얻고자 하는 것이며, 그 교훈은 앞으로의 삶을 위한 것이다. 앞으로 우리가 보다 바람직한 삶을 꾸려가기 위해 지난 옛일들을 살피는 것이다. 마치 운전하는 사람이 차를 달리기 위해 뒤를 보듯이 말이다. 결국 '역사 교육의 거울'은 자동차의 '백미러'처럼 앞을 위해, 즉 미래를 위해 사용되어야 한다.

당唐 태종도 '옛 것을 거울로 삼으면 흥망을 알 수 있다'고 했다. 거울 그 자체에는 과거가 없다. 미래 또한 없다. 오직 '지금'만이 있을 뿐이다. 그러나 역사를 배우는 사람이 바라보는 거울에는 과거뿐이 아니라 현재와 미래가 함께 담겨 있어야 한다. 미래를 알려면 마땅히 과거부터 살펴야 한다欲知來者察往.

크로노스의 시간과
카이로스의 시간

고대 그리스 신화에 '크로노스'의 이야기가 나온다. 하늘의 신 우라노스와 대지의 여신 가이아 사이에는 여섯 아들과 여섯 딸이 있었는데, 이 12남매가 티탄Titan족, 즉 거대한 신들의 족속이다. 우라노스가 지배권을 빼앗기지 않으려고 크로노스의 형인 큰아들을 감금하였다. 어머니 가이아는 크로노스에게 낫을 주어 아버지의 남근을 잘라 바다에 버리고 형을 구하도록 하였다. 크로노스는 아버지를 추방하고, 형을 다시 감금하여 자신의 시대를 연다.

그 뒤 크로노스는 누나인 레아와 결혼해서 여러 자식을 낳았다. 그러나 거세당하고 추방당한 아버지와 어머니 가이아로부터 자기도 자식에 의해 추방당하리라는 저주를 받게 된다. 이를 두려워한 그는

크로노스에게 거세당하는 우라노스

크로노스에게 돌을 건네주는 레아

자식들을 낳는 대로 집어삼켜 버렸다. 그러나 여섯 번째 아들 제우스가 태어나자 레아는 제우스를 크레타에 숨기고 남편을 속여 대신 돌을 먹게 한다. 제우스는 무사히 성장해서 아버지로 하여금 삼켜버렸던 형제자매들을 토해내게 하고 크로노스는 타르타로스에 있는 한 감옥에 갇히게 되었다. 이에 제우스는 왕이 되어 하늘을, 하데스는 지하 세계를 그리고 포세이돈은 바다를 다스리게 되었다.

그리스어 크로노스Chronos는 보통명사로서 '시간'을 가리킨다. 연대기나 연표를 의미하는 영어단어 chronology도 이 크로노스에서 비롯된 것이다. 대개의 경우 신화는 의인성擬人性과 상징성을 갖게 마련인데 이 신화에서 자식이 아비를 살해하는 것은 시간의 흐름과 속성을 상징한다. 즉, 시간은 한순간도 머물러 있지 않고 흘러가고, 그에 따라 앞선 시간이 뒤에 오는 시간에 의해 밀려나서 소멸하는 것을 의미한다.

고대 그리스에는 시간을 뜻하는 단어로 크로노스 외에 카이로스Kairos가 있다. 크로노스는 자연스럽게 흘러가는 물리적이고 객관적인 시간이다. 지구의 공전과 자전을 통해 결정되며, 시 – 분 – 초로 나누어져 누구에게나 똑같이 주어지는 시간이다. 그에 반해 카이로스는 인간이 느끼는 주관적인 시간을 말한다. 하루 24시간이 똑같이 주어져도 개인에 따라 길게 또는 짧게 받아들여지는 시간이 카이로스의 시간이다. 재미있는 영화를 볼 때 2시간과 지루한 강의 2시간은 같을 수 없다. '하루해는 너무 짧아요' 라고도 하고 '하루가 삼년 같다' 一日如三秋고도 한다.

카이로스는 본래 제우스의 아들이다. 생김새를 보면 근육질의 몸에 앞머리를 길게 늘어뜨리고 있지만 뒤쪽은 머리카락이 한 올도 없다. 앞머리가 무성한 이유는 사람들이 시간의 기회를 쉽게 붙잡을 수 있도록 하기 위해서고, 뒷머리가 대머리인 이유는 시간이 지

프란체스코 데 로시Francesco de Rossi(1510~1563)의 작품

나가면 다시는 붙잡지 못하도록 하기 위함이다. 어깨와 발뒤꿈치에 날개가 달린 이유는 시간이 쏜살처럼 빨리 사라지는 것을 암시한다.

비교해서 보자면 크로노스의 시간은 신에 의해 주어진 물리적인

자연의 시간을 나타내고, 카이로스의 시간은 이 물리적 시간을 살아가며 느끼는 인간의 시간, 역사의 시간이라고 할 수 있다.

자연의 시간은 인간의 시간과 다른 특징을 갖는다. 먼저 자연의 시간에는 차원이 없다. 다시 말해 과거·현재·미래가 없이, 오직 '지금'의 무한한 반복일 뿐이다. '일찍이 있기는 하였으나 지금은 이미 가고 없는 과거', '지금은 아직 없지만 곧 있게 될 미래'는 비존재적이다. 과거와 현재는 '있기도 하고 있지 않기도 한' 것으로 실재성이 없다. 영사기의 렌즈를 빠르게 지나가는 필름처럼 오직 존재하는 것은 '지금'뿐이다.

둘째, 자연의 시간은 부단한 흐름의 영속이다. 자연의 시간은 시작도 없고 끝도 없는 무시무종無始無終하고 결코 중단이 있을 수 없는 연속성succession을 특징으로 한다. 어떠한 가치나 공간도 초월하여 끝없이 지속되고 변함이 없는 것이 자연의 시간이다.

그러나 인간의 시간에는 먼저 단절이 있다. 어제가 오늘이 아니듯이 오늘은 내일과 다르다. 어제와 오늘을 구분하는 기준이 제시되고, 그 기준에 따라 오늘과 내일이 구별된다. 이제 시간은 과거·현재·미래의 세 차원으로 나눠지게 되었다. 현재를 기준으로 시간에 앞前과 뒤後가 생겨나고, 자연의 시간에 없던 시작과 끝이 있다고 생각하게 되었다. 고려시대가 '끝' 나고 조선시대가 '시작'되었고, 조선 이후에 대한제국과 대한민국이 성립되었다. 역사의 시간에 시작과 끝이 반복되면서 시간의 마디가 생긴 것이다.

역사의 시간에 '시작'과 '끝'이 있다고 해서 항상 출발선이나 종착점이 명확하게 존재하는 것은 아니다. 전후 변화 양태樣態를 살펴 자의적으로 잘라낸 경우가 많다. 역사의 시대구분이 바로 그런 경우다. 고대 – 중세 – 근대 – 현대 등의 구분은 임의로 행한 것일 뿐 객관적이고 절대적이고 강제적인 구분선이 없다. 인간의 의식 속에서 자의적으로 이루어진 것에 불과하므로 '영혼이 없으면 시간이 없다'는 말은 전적으로 옳다. 인간의 시간, 역사의 시간은 결국 주관적일 수밖에 없다.

인간의 시간은 유연하다. 자연의 시간은 공평하다. 줄자의 눈금처럼 시간과 시간 사이에 차이가 없고, 가치중립적이고 객관적이다. 그러나 우리가 겪는 시간은 울퉁불퉁하다. 하루가 '3년' 같기도 하고, 반대로 활시위를 떠난 살처럼 '순간'일 때도 있다. 시간이 같은 크기로 우리에게 오는 것이 아니다. 사람의 정서적 상황에 따라 '늘었다 줄었다' 하는 시간의 신축성伸縮性은 사람마다 각각 다른 시간을 경험하도록 한다. 우리의 삶은 3만 번의 낮과 밤으로 이루어졌다고 한다. 하지만 각자의 하루는 3만분의 1이 아닌 것이다.

자연의 시간과 인간의 시간이 공유하는 특징도 물론 있다. 무엇보다 모두가 멈춰 서 있는 것을 싫어한다는 것이다. 시간의 영속적 흐름은 신이 주관하는 것이므로 결코 정지해 있지 않다. 비록 인간에 의한 단절이 있다고는 하지만 그 단절은 과거 – 현재 – 미래 사이에서 차원이 바뀌는 것을 말하는 것일 뿐, 시간 자체가 멈추는 것을 뜻하는 것은 아니다. 현재는 과거와 미래를 분할하면서 동시에 이 둘을 결합하기도 한다. 따라서 인간의 시간에서도 정지란 없다.

역사는
스스로 반복한다

무왕불복無往不復, 지나간 과거는 다시 돌아온다는 말이다. 떠오르는 해는 결석하는 법이 없고, 물레방아처럼 돌고 도는 것이 인생이라 하고, 역사의 수레바퀴는 계속해서 돌고 있다. 아무리 겨울이 길어도 봄이 오지 않은 적은 없었다. 오늘의 일몰이 내일의 일출이듯이 시간은 분명 반복되고 있다.

역사에서 시간이 어떤 모습으로 흘러간다고 보느냐가 사관史觀을 구분하는 기준 역할을 한다. 시간이 반복되듯이 역사도 되풀이된다고 보는 '순환사관'이 있고, 시간은 한 방향으로 흘러간다고 보는 진보사관과 퇴보사관이 있으며, 시간이 소라껍데기처럼 빙빙 틀면서 돌아간다는 나선형사관 등이 있다. 순환사관과 나선형사관은 그 모양은 다르지만 전체 흐름으로 보면 역사의 시간은 원형의 모습을 따라 진행된다고 본다. 반면 진보사관과 퇴보사관은 역사의 흐름을 직선 위에서 이해하고자 한다. '세상 좋아졌다'며 역사가 발전·진보한다는 진보사관, 시간이 오히려 뒷걸음질 치고 있다면서 '구관이 명관'이고, '내가 젊었을 때는 이렇진 않았다'하여 옛만 못한 지금을 탓하며 '아, 옛날이여!'를 찾는 것이 '퇴보사관'이라 할 수 있다.

역사의 시간이 어떻게 흘러가느냐에 대한 물음에 정답은 없다. 각자 자신의 생각에 따라 어느 하나의 입장을 서로 믿고 주장할 뿐이다. 한 가지 분명한 것이 있다면, '사관'에 대한 논의야말로 계속 반복되고 있다는 사실이다.

그리스 철학자 헤라클레이토스는 '인간은 같은 강물을 두 번 건널 수 없다'면서 떠나간 시간은 다시 돌아오지 않는다고 주장했다. 강물은 계속 흘러가므로 같은 위치에 있다고 하더라도 오늘 발을 담근 강물은 어제의 그 강물이 아니라고 한다. 강물은 계속 흐르면서 변화하기 때문에 매순간 서로 다른 강물이 된다. 그러므로 우리는 같은 강물에 두 번 들어갈 수 없다는 것이다. 이런 그의 주장에 얽힌 일화를 하나 보자.

하루는 돈이 궁했던 그가 친구에게 찾아가 돈을 빌려 달라고 간곡히 부탁했다. "딱 두 달만 쓰고 돌려줌세. 이자도 넉넉하게 쳐줄 테니 걱정 말고."…… 그러나 약속한 두 달이 지났어도 아무런 연락이 없자 친구는 헤라클레이토스를 찾아가 왜 빌린 돈을 갚지 않느냐고 다그쳤다. 이에 헤라클레이토스가 태연하게 대답한다. "나는 자네에게 돈을 빌릴 때의 헤라클레이토스가 아닐세. 잘 생각해보게. 물이 두 달 동안 흘러갔다면 얼마나 먼 거리를 가버렸겠는가? 자네에게 돈을 빌린 헤라클레이토스는 두 달 전 사람이니 그때의 그를 찾아가게나." 이 일화는 사실이 아니라 만들어진 이야기라고 한다. 다만 어느 극작가가 '변화' 만을 강조하며 잘난 척하고 다니는 헤라클레이토스의 모습이 하도 보기 싫어서 이러한 내용을 지어서 무대에 올렸다고 한다.

이야기의 사실 여부를 떠나 한 가지 의문이 생긴다. 만일 과거가 흘러가버린 강물처럼 현재와 완전히 단절된다면, 그래서 우리가 다시 마주할 수 없다면 지나간 역사는 우리에게 어떤 의미가 있을까. 헤라클레이토스의 '시간관' 은 시간의 영속성을 특징으로 하는 자연의 시간관과 같다. 앞서 본대로 자연의 시간은 뒤를 돌아보지 않고 쉼 없이 흘러가버린다. 이런 그의 시간관을 역사학습에서 과연 그대로 받아들일 수 있을까?

역사학습의 본래 목적이 미래를 위해 과거에서 교훈을 배우는 것이다. 그런데 만약 지난 시간이 현재나 미래와는 별개가 된 채 끝나버린 과거, 죽은 과거가 된다면 과거가 현재와 미래에게 무엇을 가르쳐 줄 수 있겠는가. 과거의 역사는 우리가 앞으로 마주칠 비슷한 삶의 현상들에 대한 '예방주사' 역할을 기대하면서 배우는 것이다. 그러므로 과거란 흘러가 버리는 유수流水가 아니다. 과거는 속절없이 훌쩍 떠나버린 시간이 아니라, 현재로 다시 돌아와 현재를 가르치고 미래로 가는 길을 제시해주는 '시간의 스승' 이다. 그래서 우리는 역사를 가르치고 배우려고 노력하는 것이다. 역사학습을 위해서라도 역사는 돌고 돌아야 한다. 시간의 순환은 역사학습을 위한 기본전제다.

다만 한 가지 분명히 해둘 것은 역사학습에서 생각하는 '시간의 반복'은 '처음처럼' 돌아가는 순환이 아니다. 여기서 말하는 반복은 원형(나선형)계단을 오르는 것에 비유할 수 있다. 회전목마는 돌다가 멈추면 제자리로 다시 돌아오지만, 원형계단은 돌면서 걸으면 우리는 위로든 아래로든 움직인다. 다시 말하면 양적으로 반복이 거듭되면서 점차 질적인 변화를 수반하는 그런 반복을 말한다. 헤겔이 말한 '양질전화' 量質轉化이다. 다람쥐 쳇바퀴처럼 단순 반복하는 움직임이 아니라 방향성을 지닌 반복 움직임이 역사교육이 생각하는 역사의 시간이다.

나사못 돌리는 경우를 상상해보자. 나사못을 돌리면 나사 자체는 빙글빙글 돈다. 하지만 그 나사못은 앞으로 조이면서 가거나, 뒤로 풀려 나온다. 대장간에서 쇠를 달구고 두드리는 담금질이 수없이 반복되면 쇠는 점점 단단해진다. 자장면 반죽도 역시 늘리고, 내리치고, 다시 늘리기를 반복할수록 면이 쫄깃쫄깃해진다. 이와 같이 역사의 반복은 머묾이 아니라 변화이며, 그것이 바로 질적인 변화이자 발전의 과정인 것이다.

프랑스 음악가 모리스 라벨이 작곡한 유명한 음악 '볼레로'는 우리에게도 친숙하다. 340마디로 구성된 춤곡으로 같은 멜로디를 15분간에 걸쳐 무려 169회나 반복한다. 단지 시간이 지나면서 연주되는 악기와 음량의 변화만 있을 뿐이다. 이런 기계적인 반복 리듬에도 불구하고 곡이 진행되면서 그 울림의 폭은 점점 커지고 그 리듬에 빠져드는 묘한 매력의 힘이 작동한다.

역사에서도 '역사적 데쟈뷰'를 언급하고 있다. 역사가 유사하게 반복되고 있다는 점을 강조한 것이다. 중국의 예를 보자. 중국 역사는 북방민족의 도전과 그에 대한 중원 한족의 응전이 반복된 역사라 할 수 있다. 북방의 광활한 초원 위에서 유목생활을 영위하던 여러 민족과 황하黃河 유역에 기반을 둔 한족의 농경문화 사이에 충돌과 융합이 끊임없이 일어나는데, 이 두 문화 사이에서 서로 맞서 싸우거나 서로 섞이고 합쳐지는 과정이 중국 역사의 큰 흐름이라고 보면 된다. 우리에게도 잘 알려진 흉노, 돌궐, 거란, 말갈, 여진, 몽골, 만주족 등 이름은 다르지만 이들 북방민족은 경제적·문화적 발전을 꿈꾸며 끊임없이 중원을 넘보았다. 북방민족의 침입으로부터 나라를 지켜내는 것은 역대 한족 왕조의 한결같은 고민이자 나라 존망存亡의 갈림길이었다. 만리장성 2700km는 한족의 그런 고민을 해결하려는 방책防柵이었다.

우리 역사에도 유사하게 반복되는 현상을 볼 수 있다. 우리를 둘러싼 주변국의 세력판도에 큰 변화가 생길 때마다 우리는 예외 없이 심각한 영향을 받았다. 14세기 후반 원·명 교체기, 16세기 일본의 굴기崛起, 17세기 명·청 교체시기, 19세기 말 청·일 세력의 반전이 일어날 때마다 우리는 국난國難을 겪었다. 왕조가 교체되고, 삼전도에서 치욕을 삼켜야 했고, 나라를 잃는 파국에까지 이르렀다. 21세기 들어서는 중국이 급부상하면서 G2로 성장하고, 반면 일본은 상대적으로 그 힘이 약해지면서 또 한 번 한반도 주변을 둘러싸고 세력 변동이 일고 있다. 이미 역사에서 보아왔던 현상의 현대판이다.

역사교육의 관심은 '친원親元이냐 친명親明이냐, 청나라냐 러시아냐' 혹은 '미국이냐 중국이냐'와 같은 양자택일의 문제가 아니다. 더욱 중요한 것은 어떻게 이 상황을 올바로 인식하고 다가올 유사한 상황과 시대를 준비하느냐에 있다. 이것이 역사를 배우는 목적인 것이다. 역사가 갖는 '자기유사성'에 주목해서 과거의 경험을 거울로 삼아 현재와 미래의 삶을 밝혀줄 지혜를 얻는 것이 역사교육의 궁극적 목적이다. 진정 역사교육이 존재하는 이유는 역사가 스스로 반복하기 때문이다.

역사교육의 시간은
거꾸로 간다

라틴어에서 시간은 '템푸스' tempus라 부른다. 이 말은 '자르다' 는 의미의 그리스어에서 유래했다. 그 때문인지 우리는 대개 시간을 잘라서 구분했다. 작게는 '초 – 분 – 시' 나 '일 – 월 – 년' 혹은 크게 '과거 – 현재 – 미래' 등으로 나누어서 이해했다. 비록 나누어진 시간이지만 단 한순간도 머무는 일 없이 흘러가고 있다. 그 흐름의 방향은 사람의 관점에 따라 상이하게 진행되는 것으로 받아들여진다. 시간이 과거에서 시작되어 현재를 거쳐 미래로 향한다고 믿는 사람이 있다. 이런 시간의 진행을 보통 과거연원적過去淵源的이라 한다. 반면 시간을 미래에서 출발해서 현재를 지나 과거로 흘러간다고 보는 미래연원적未來淵源的 입장이 있다.

과거 연원적 시간관은 시간의 발생적 근원을 과거에 두는 태도를 가리킨다. 그리스적 사유 전통에서 시간은 과거에서 연원하여 현재를 거쳐 미래로 흘러가는 것으로 표상한다. 그러나 그리스도교에서 시간은 미래(최후의 심판)가 규정적 역할을 담당하므로 미래 연원적이다. 그리하여 시간은 미래에 의거해서 현재를 규정한다고 본다.

일반적으로 우리는 시간의 흐름에 순서가 있다고 생각한다. 과거에서 현재를 거쳐 미래로 흐르는 질서를 따른다고 보는 것이다. 그리고 이런 질서는 시간의 계기적 성격에서 비롯된 것으로 믿는다. 역사의 시간에 전前과 후後가 있고 앞선 시간은 뒤에 따르는 시간에 영향을 준다는 것이다. 시간의 계기적 특성에 따라 현재는 과거의 결과이며, 과거를 탐구하면 미래의 실수를 줄일 수 있다는 생각에까지 이르게 되었다. 때문에 미래를 알 수 없는 인간은 지난 역사를 배워 미래를 준비해야 한다고 생각했던 것이다. 시간의 계기적 특성이 역사교육의 정당성을 마련해준 것이다.

시간의 흐름에 따라 일어나는 계기적 현상의 예를 하나만 소개한다. 일본 속담에 '바람이 불면 나무통이 잘 팔린다' 는 말이 있다. 바람이 불면 흙먼지가 눈에 들어가 눈병이 급증하여 시작장애자가 많이 생기게 되고, 이들은 생계를 위해 거리로 나와 악사로 생업을 꾸리기 때문에 사미센(고양이 가죽으로 울림통을 만든 삼현 악기)을 많이 만들게 되고, 사미센은 고양이 가죽으로 만들기 때문에 고양이가 많이 죽고, 고양이가 줄어들면 쥐가 늘어나게 되고, 쥐가 극성을 부리면 나무로 된 목욕통을 많이 갉아 먹고, 모자라는 목욕통을 만들기 위해 나무 수요가 급증한다는 것이다. 모든 일이 서로 인과관계로 연결되어 있음을 나타내는 이야기다.

시간의 질서 있는 흐름이 있기에 우리는 역사를 배울 수 있다. 시간적으로 전후가 없다면, 원인과 결과라는 관계가 맺어질 수 없다면 과거가 무슨 의미가 있겠는가. 그런데 과연 시간의 흐름을 과거에서 미래로 한쪽 방향으로만 흐른다고 생각해야만 하는 건가. 반대로 시간이 미래에서 현재를 거쳐 과거로 흐른다고 생각할 수는 없는 건가? 시간이 역방향으로 흐른다는 것은 미래가 현재를 결정할 수도 있다는 것인데, 과연 그것은 불가능한 것인가? 시간의 자연적 흐름은 당연히 과거에서 미래로 흐른다. 하지만 인간의 삶은 반드시 과거에서 미래라는 시간의 일방一方을 따르는 것만은 아니다.

일상적 삶속에서 시간을 반대 방향에서부터 시작할 때도 있다. 우리는 필요에 따라 미래에서부터 시간을 거꾸로 역산을 한다. 수능 D-100일, 나로호 발사 3일 전前 등 공적으로 시간의 순서를 거꾸로 계산하는 경우가 있고, 월드컵이나 올림픽 준비, 출산예정일, 군 제대일, 퇴근 시간 2시간 전, 수업 종료 10분 전 등 사적인 시간 역산도 있다. 공적이건 사적이건 시간의 역산에는 여러 감정들이 담겨 있다. 즐거운 약속을 기다리며 감도는 사랑의 카운트다운이 있는가 하면, 시한부 삶과 같은 가혹한 시간의 역산도 있을 수 있다.

그런데 시간의 역산이 다양한 느낌을 뿜어내지만 달리 보면 그것은 희망의 다른 말이 될 수도 있다. 하루하루 줄어드는 그 시간의 역산이 있으므로 해서 무거운 오늘을 견딜 수 있는 것 아닌가. 100

일이 지나면 고달픈 수험생활이 끝나고, 100일만 견디면 무거운 군복을 벗을 수 있다는 것은 분명 희망이고, 그 희망의 힘으로 100일을 이겨낼 수 있다.

'D-데이'는 또 삶의 의미를 더 깊게 하기도 한다. 시간이 다가올수록 불안하거나 애가 타고 조마조마하여 마음을 졸이기도 하지만 그것은 삶의 소중함과 간절함을 깨닫게 하는 사랑의 표시이기도 하다. 삶을 좀 더 진지하게 마주하게 되고, 시간에 대한 소중함과 애틋함을 깨닫는 겸허한 순간이 될 수 있다. 인생의 시간을 앞에서부터 세다가 뒤에서부터 세기 시작하면 그땐 철이 든 것이라는 어른들의 말도 그런 뜻에서 한 것 일 것이다.

역사교육적 관점에서 보면, 과거를 살피는 일도 미래가 그 영향을 미칠 수 있다. 내일을 위해 어제의 교훈적 가치를 찾아내고, 그것을 미래적 가치로 재해석하는 것 또한 역사공부다. 미래에 대한 비전은 과거에 대한 지식 없이는 온전할 수 없기 때문이다. 교육은 과거를 위해서가 아니라 미래를 살아갈 학생들에게 미래의 삶을 준비시키는 활동이다. 따라서 교육은 뒤를 보는 것이 아니라 앞을 보고 가야한다. 바람직한 방향을 결정하고 그곳을 향해 한걸음씩 내딛는 것이 공부고, 그를 위해 필요한 과거의 경험을 참고로 삼는 것이다. '온고지신' 溫故知新을 위해서 역사교육은 시간을 거꾸로 거슬러 가려는 노력을 소홀히 해서는 안 될 것이다.

역사교육은
응용학문이다

신문기자는 맡은 업무에 따라 취재기자, 편집기자, 사진기자 등으로 나뉜다. 취재기자는 기삿거리를 구하고 기사를 작성하는 일을 한다. 편집기자는 취재기자가 보낸 원고를 정리하여 뉴스로서의 가치여부를 결정하거나 그 경중輕重을 가려서 정해진 지면에 게재할 기사를 선택하고, 게재 순서를 정하며 기사별로 제목을 붙이는 임무를 담당한다. 사진기자는 보도 사진을 찍고 그 사진을 간략하게 설명해주는 캡션 기사를 작성하기도 한다.

이런 구분에 앞서 기자는 모두가 실제로 일어난 일을 토대로 일을 한다. 사진기자에게는 어떤 경우에도 조작이 허락되지 않는다. 리얼리즘을 저버린 사진은 결코 용납될 수 없다. 취재기자는 추측이나 상상으로 기사를 작성해서는 안 되며, 편집기자는 자의적으로 취재내용을 가감 편집하는 행위를 결코 용서받을 수 없다. 어떤 경우든 사실에서 출발해야 한다는 것은 기자로서는 마땅히 엄수해야 할 절대규칙에 해당한다.

사실을 기반으로 각각의 기자는 서로 다른 일을 한다. 취재기자와 사진기자는 일단 사건과 사실의 추적자다. 중요한 사건이나 사실을 쫓아 정확한 내용을 확인하는 일이 이들에게 가장 기본적이고 핵심적인 임무다. 이 점에서 사진기자도 일종의 취재기자라고 할 수 있다. 반면 편집기자는 사실을 찾아다니지 않는다. 사진기자를 포함한 취재기자가 기삿거리를 찾아서 보내오면 그때부터 편집기자의 일은 시작된다. 보내온 사실들을 뉴스로 보도할 것인지를 결정하는 게 편집기자의 일차적 소임이다. 기사로서 시의적절한지를 판단하고, 그 내용이 독자에게 끼칠 영향을 분석하여 뉴스로 게재할지 여부를 결정하고 어떻게 알릴 것인지 보도 방식을 정하는 것이다. 둘 다 사실을 다룬다는 점에서는 같은 기자이지만, 이들의 시선이 머무는 곳은 분명 다르다. 취재기자의 시선은 철저하게 사건이나 사실을 향하고 있다면 편집기자는 독자를 향하고 있다. 사실 – 취재기자 – 편집기자 – 독자라는 일련의 뉴스를 제작하는 과정에서 서로가 시선의 방향을 반대로 하고 있다. 취재·사진기자는 '이미 일어난 사실'을 바라보고 있으며, 편집기자는 '앞으로 읽게 될 독자'에 주목하는 것이다.

역사학자와 역사교육자의 관계도 이와 비슷하다. 역사학자는 과거에 일어난 사건, 즉 사실史實을 탐구한다. 과거에 실제했던 모습을 여

러 사료들을 통해 과학적이고 논리적으로 정확하게 밝혀내는 일을 역사학자는 자신들의 일차 소임으로 삼는다. 반면 역사교육자는 역사학자의 연구 결과들 가운데 교육적 가치가 있다고 여기는 사실史實들을 선택하고 편집하여 이해하기 쉽도록 독자에게 전달하려고 노력한다. 역사교육자는 편집기자와 마찬가지로 직접 사실을 밝혀내는 일을 우선 과제로 삼지 않는다. 이들의 일차적 관심은 어떻게 효과적으로 내용을 독자에게 전해주느냐에 있다. 그렇다면 과거의 참모습을 찾는다는 점에서 역사학자는 취재기자와 비슷하고, 독자를 위해 사실을 효과적으로 전달하려는 역사교육자는 편집기자와 매우 유사하다고 하겠다. 결국 역사학과 역사교육은 같으면서도 다르다. 한마디로 2인 3각二人三脚 관계라고 할 수 있다. 역사학자와 역사교육자가 사실이라는 끈으로 한발을 같이 묶고 다른 한발은 자유롭게 따로 움직이며 마치 세 발로 뛰는 것 같은 2인 3각 형태로 역사학과 역사교육은 관계를 맺고 있는 것이다.

역사적 사실을 독자에게 전달하는 것이 역사교육의 기본 역할이라는 점에서 보면 역사교육은 일종의 응용학문이라고 할 수 있다. 역사교육의 궁극적인 목적은 인간의 삶을 위해 역사에서 어떤 도움을 얻을 가능성이 있는지 모색해보고, 이를 실제적인 보탬으로 이어가는 데 있다는 점에 있다. 역사는 단순하게 기억하기 위해 배우는 것이 아니다. 교육은 바람직한 삶을 위한 변화를 이끄는 것이 목표이다. 역사교육도 마찬가지다. 역사로서 올바른 삶을 이끌 수 있어야 역사교육은 그 직분에 충실했다고 할 수 있다. 따라서 역사교육은 사회적·교육적 적실성的實性에 그 존재 근거가 있다. 반면에 역사학은 학문적 엄밀성을 추구하면서 역사적 사실에 다가가려는 목적을 갖는 기초학문이라고 하겠다. 역사가의 으뜸 목표는 사실을 정확하게 재현하는 것이고, 교육적 가치와 의미는 이차적인 관심사일 뿐이다. 역사가는 전적으로 교육을 위해서 역사를 탐구하는 것이 아니다. 이는 역사교육자가 하는 일이다. 역사교육자는 철저하게 교육을 위해 역사를 살핀다. 이들은 독자를 위해 교육적으로 역사가 할 수 있는 일이 무엇이며, 그 '할 수 있는 일'을 실제 '하는 일'로 바꾸기 위해 무엇이 필요한가에 집중한다. 따라서 역사교육은 분명 응용학문이며, 또 응용학문일 수밖에 없다.

역사교육은
미래지향적이어야 한다

뇌과학에 따르면 인간의 뇌는 진화과정에서 현재·과거·미래를 관장하는 뇌가 시간적인 차이를 두고 진화해왔다고 한다. 가장 먼저 생겨난 게 현재 생존을 위한 뇌(교뇌)다. 생존을 위해서는 지금 이곳에 집중해야 하기 때문에 제일 우선적으로 발달했다는 것이다. 그 다음에 생겨난 게 과거 위주의 뇌(중뇌)다. 중뇌에는 예전의 경험과 각 경험마다 매겨둔 가치가 입력되기 때문에 과거에 겪었던 체험을 통해 새롭게 마주하는 사물을 구분하게 된다. 좋다, 나쁘다 등과 같은 분별을 하는 것이다. 뇌 진화 과정에서 가장 뒤늦게 생겨난 게 대뇌피질이란 미래예측의 뇌(대뇌)다. 용량이 가장 크고, 가장 중요한 뇌로 미래를 예측해서 그에 대비하는 능력을 갖고 있는 것으로 알려졌다. 그래서 인간은 현재의 상태, 과거의 경험을 가지고 미래를 예측할 수 있게 되었다고 말한다.

축구 천재라고 불리는 아르헨티나 출신 선수 리오넬 메시Lionel Messi. 화려한 개인기로 최고의 인기를 누리는 스포츠 스타다. 절묘한 슛으로 많은 골을 넣는 것으로 유명하다. 골잡이인 메시를 막기 위해 상대 수비수는 이중 삼중으로 에워싼다. 상대가 밀착 수비를 할 때 메시는 절묘한 패스로 동료 선수에게 골 찬스를 만들어 주는 이른바 어시스트도 잘하는 것으로 유명하다. 어느 축구 전문가에 따르면 메시는 동료 선수에게 패스하는 것이 아니라고 한다. 자기편이 있는 현재 위치에 공을 차서 주는 것이 아니라, 그 선수가 향해서 달려갈 빈 공간으로 패스를 한다고 한다. 현재가 아니라 미래로 공을 보내는 것이다. 좋은 위치를 미리 예견해서 패스하기 때문에 상대가 수비하기 어려운 반면 같은 편 선수는 빠른 공격으로 골 찬스를 잡을 수 있는 것이다.

아이스하키에도 메시와 같이 앞을 미리 보고 경기를 이끄는 선수가 있다. 아이스하키 역사상 가장 위대한 선수라 불리는 웨인 그레츠키Wayne D. Gretzky다. 1980년부터 8년 연속 북미아이스하키리그 NHL의 MVP에 오른 선수다. 그는 자신의 경기 비법에 대해, 다른 선수들이 퍽puck(아이스하키 공)이 있는 곳으로 쫓아가는 반면에 자신은 퍽이 향하는 곳으로 달려간다고 했다. 그 또한 메시처럼 앞을 내다보며 경기를 하기 때문에 뛰어난 기량을 발휘할 수 있었던 것이다.

배움도 미래를 향해 있다. 배움에는 모두 나름의 목적이 있기 마련이다. 진학, 취업 또는 삶의 풍요로움을 이루고자 우리는 배운다. 단순한 지적 호기심을 넘어 이루고자 하는 목적 또는 가고자 하는 방향이 우리를 배움의 길로 이끈다. 따라서 배움은 일종의 목적 행위며, 목적은 그 배움의 결과다. 시간적으로 당연히 배움이 목적에 앞선다. 배움이 현재의 행위라면 목적은 미래의 기대다. 배움은 미래를 향해 있기 때문에 지금에 머물러 있지 않다. '지금' 배우는 것은 '지금 이후'를 향해 내딛는 움직임이다. 내일이 전제될 수밖에 없는 것으로 현재의 완성 상태가 아니다. 따라서 배움은 목적을 갖는 행위며, 목적이 있다는 것은 그 배움이 미래지향적이라는 뜻이 된다.

역사는 지나간 경험이 쌓여온 것이다. 역사는 과거의 시간을 담고 있으므로 역사를 배운다는 것은 곧 과거를 돌아보는 것이 된다. 그런데 우리가 지난 시간을 돌아보는 이유가 뭔가? 그것은 단순한 복고적 취미 때문이 아니다. 과거에 인간의 미래가 담겨 있기 때문이다. 과거 – 현재 – 미래는 서로 맞물려 있다. 현재는 지난 시간의 전리품이다. 과거가 만들어낸 결과물이 현재다. 현재는 또한 미래를 머금고 있다. 현재가 차곡차곡 쌓이면서 내일을 조금씩 수놓고 있다. 역사를 배운다는 의미는 과거와 현재 그리고 미래가 서로 만나는 과정이다. 다시 말해 '사람의 기억(과거)'과 '사람의 희망(미래)' 사이를 연결해주는 가교를 세우는 일이 역사공부라 할 수 있다. 독일 속담처럼 '과거를 알지 못하면 눈 먼 채로 미래로 나가는 것'과 같다. 어제 내가 한 일이 오늘 열매를 맺고 그 열매가 내일의 씨앗 역할을 하게 된다. 결국 역사를 배우는 것은 앞으로 나아갈 길을 위해 지나온 길을 돌아보는 것이다.

길을 걸을 때는 앞을 보고 가야 한다. 뒤를 보고 가서는 멀리 갈 수도 없고, 똑바로 갈 수도 없다. 자동차의 백미러를 보는 것처럼 앞으로 가기 위해 뒤를 살피는 것이 바로 역사를 배우는 이유다. 윈스턴 처칠의 말대로 '과거 쪽으로 더 멀리 볼수록, 미래 쪽을 더 멀리 볼 수 있다.' 어제의 아픔에서 오늘의 삶을 읽고 내일의 길을 찾는 지혜다. "역사를 망각하는 자는 그 역사를 다시 살게 될 것이다." 아우슈비츠 수용소 제4동 입구에서 폴란드어와 영어로 쓰인 조지 산타야나의 경구警句도 역사교육의 미래지향적 성격을 강조한다. 그런 점에서 역사교육은 일종의 미래학이기도 하다.

역사를 배운다는 것이 단순히 과거에 대해 안다는 것에 멈출 수는 없다. 과거와 현재 및 미래의 관계를 찾는 과정이 곧 역사를 배우는 과정이다. 과거 – 현재 – 미래 사이의 관계를 찾는다는 것은 곧 과거가 현재와 미래를 위해 배울 가치가 있다는 의미이고, 바로 그 이유로 인해서 우리는 과거를 배우고자 하는 것이다. 현재나 미래와 연관이 없다는 것은 곧 과거의 교훈적 가치가 없다는 말이 된다. 과거가 현재와 소통을 해야 하며, 그 소통이 미래까지 연결돼야 한다. 역사를 배우는 것이 과거의 사실을 아는 것에 만족할 수 없다. 이를 넘어 과거를 현재 및 미래와 연결 짓는 적극적인 노력이 배움의 참모습이다.

현재나 미래와의 관계는 '과거' 자체에 내포되어 있다기보다는 적극적인 관계 짓기를 통해 새로이 모색해가는 것이다. '과거를 위한 과거'가 아니라 '현재와 미래를 위한 과거'가 배움의 대상이자 목적인 것이다. 관계 맺기를 등한시하거나 그 연관성이 없는 과거는 역사공부에서 도움을 기대하기 어렵다. 다시 강조하지만 인간이 역사를 되돌아보는 것은 과거에서 배우기 위해서다. 현재의 눈으로 과거를 보고 거기서 얻은 교훈으로 현재를 이해하고, 미래에 대비하기 위해서다. 따라서 역사공부는 시선을 미래에 두어야 하고, 그런 점에서 역사공부는 미래지향적이어야 하는 것이다. 과거의 이야기라고 해서 뒤에 머물러 있어야 하는 것이 아니라 오히려 다음을 위해 앞으로 와야만 한다. 현재 위치에서 지나온 과거의 돌을 들어 앞으로 옮겨 놓은 다음 그것을 디딤돌로 삼는 것, 그것이 역사공부의 모습이다.

역사교육은
역도 경기와 같다

한국 역사교과서의 특징 중 하나는 형용사가 많이 쓰인다는 점이다. 형용사는 상태나 성질이 어떠한지를 나타내거나, 사람의 느낌이나 감정을 표현할 때 사용되는 말이다. 따라서 교과서에서 형용사가 많이 사용되고 있다는 것은 역사를 정서적 측면에서 바라보는 경우가 많다는 의미다. 역사적 사실을 사람의 마음에 일어나는 여러 가지 감정과 관련지어 보고 있다는 것이다. 이런 현상은 민족과 관련된 내용을 서술할 때 두드러진다. 민족문화를 설명할 때는 '화려한' '웅장한' '강건한' '그윽한' '고상한' '뛰어난' '환상적인' '독특한'과 같은 형용사가 압도적으로 쓰이고, 반면에 민족의 수난을 이야기할 때는 '폭력적' '위압적인' '악명 높은' '기만적인' '가혹한'

'무자비한' …… 등과 같은 단어가 많이 등장한다.

민족문화에 대한 자긍심을 갖도록 하는 것은 역사교육이 할 일이다. 태어난 강물을 기억해서 다시 돌아오는 연어처럼 민족의 뿌리를 이해하고 이를 통해 민족공동체라는 정체성을 확인하는 것도 당연히 역사교육이 할 역할이다. 단지 우려하는 것은 자가발전이 너무 심하면 염치가 없어 보인다는 점이다. 있는 사실에 대해 긍지를 갖는 것은 좋지만, 미화와 과장에 빠지지 않으려는 냉정함도 필요하다. 우리가 느끼지 못하는 사이에 타문화에 대한 우월감이 생겨나고, 그 결과 자만심에 빠져 '타자'가 실종된 '우리'만의 역사 파티를 즐기는 나르시스적인 역사교육은 단언컨대 위험하다.

민족 수난의 이야기도 지나치게 감정적으로 접근하는 것은 지양해야 한다. 자기연민에 빠져 선善한 한민족이 예禮를 모르는 야만적인 주변 세력에 의해 심한 고초를 겪었다는 선 – 악의 구도로 보는 것은 올바른 역사 이해가 아니다. 극복된 비극은 더 이상 비극이 아니며, 실패하지 않은 성공은 없다는 사실을 명심하고, 쓰라린 역사에서 교훈을 찾아보려는 태도가 오히려 역사교육답다. 역사교과서는 역사 감상문과 다르다. 역사교육에서 그 어떠한 감정 강요도 정당화 될 수 없다. 핏줄이 파쇼가 될 수 있다는 점, 핏줄 이데올로기가 치유되지 못할 상처를 남긴다는 점을 구태여 직접 경험할 필요는 없다. 이것도 역사가 우리에게 가르쳐준 것이 아닌가.

민족중심의 역사교육이 또 하나 주의할 점은 파라오컴플렉스에 빠져서는 안 된다는 것이다. 파라오컴플렉스란 외형적 크기에 집착하는 심적 태도를 말한다. 예를 들면 '세계에서 가장 큰' '세계 최초로' '세계 최고最高' '세계에서 가장 아름다운' '세계에서 가장 과학적인' '세계에서 가장 오래된' 것 등에 연연하는 것을 이른다. 역사책은 '기네스북'과는 다르다. 외형에만 치중하고, 칭찬 일변도의 주례사식 역사 설명으로는 우리 자신도 설득할 수 없다.

민족이라는 축을 중심으로 돌아가는 지구본과 같은 역사교육은 이제는 전제되어야 한다. 나라를 잃고 민족의 혼이 흔들리던 시절을 극복하는 과정에서 민족 문화를 부활하고 민족 역량을 되살리는 것은 우리의 일차적 소명이었다. 그동안 뜨거운 열정과 땀에 젖은 노력으로 많은 성과를 거두었다. 역사에 대한 자긍심도 회복되었고, 우리도 세계의 한 구성원으로 우뚝 섰다. 민족 문화에 대해 세계인의 관심도 최고조에 이르렀다. 이제 우리 역사도 당당히 세계 역사 무대에 자신을 드러낼 때가 되었고 그러기 위해서는 '민족'이라는 자장磁場 속에서 이루어졌던 역사교육도 시대에 맞춰 변화를 모색할 필요가 생겼다.

우리의 역사교육은 몹시 딱딱하다. 역사는 보는 사람에 따라 다르게 해석된다. 역사를 어떤 요인에 따라 해석하느냐에 따라 같은 사건이라도 전혀 다른 원인과 결과로 해석될 수 있기 때문이다. 따라서 과거의 모든 기억이 '평평하게' 되살아나는 것은 아니다. 그렇기 때문에 객관적인 역사 설명은 노력을 할 뿐 불가능할지도 모른다. 유명한 비트겐슈타인의 '오리 - 토끼 그림'에서 어떤 사람은 오리를 보고, 또 어떤 이는 토끼를 말한다. 누가 맞고 누가 틀린 것인

가? 동일한 사물을 놓고서도 관점에 따라 전혀 다르게 볼 수 있다. 직관적으로 사물을 판단하는 생각의 차이 때문이다. 역사를 바라보는 시선도 차이가 있기 마련이다. 오직 하나뿐인 역사 설명은 오히려 없다고 할 정도로 드물다.

바로 이런 점 때문에 역사를 바라볼 때 조심해야 할 것이 있다. 우리가 특정한 관점에서 비롯된 '유일한' 방식으로 역사를 설명하려는 유혹에 빠지기 쉽다는 점이다. 가장 큰 이유는 설명하는 사람의 입장이 간단명료하게 드러나기 때문일 것이다. 하지만 그럴 경우 의도와는 달리 올바른 역사 인식을 그르치는 한낱 '도그마'가 될 가능성이 높다. 흔히 말하듯 '전형적'典型的이라 부르는 행복이란 없다. 행복에 대해서는 다양한 생각들이 있다. 누가 틀리고 누가 맞는다고 할 수 없듯이, 역사적 설명에도 누구나 공감하는 유일한 설명은 기대하기 어렵다.

이념은 선택의 문제라기보다는 본질의 문제다. 인간은 호랑이처럼 홀로 어슬렁거리면서 사는 존재가 아니다. 개미나 벌과 같이 모여서 사는 사회적 동물이다. 둘 이상이 모이면 관계가 형성된다. 그 관계 속에서 사람들은 협력도 하고 갈등도 겪는다. 이때 타인과 어떤 관계 속에서 살아야 할 것인가? 인간이 모여 만든 사회는 어떻게 움직여야 하는가? 등에 대한 나름의 해답이 이념이다. 사회를 형성하며 살아가는 개개인이 믿는 신념과 가치관의 조합이 바로 이념인 것이다. 따라서 '탈이념'을 외치는 것은 '묻지도 따지지도' 말고 주어진 대로 살라는 것과 같다.

역사는 이념과 관련이 깊다. 다양한 역사와 그 의미에 대해 스스로 판단과 선택을 해야 하기 때문에 나름의 기준이 필요한 것이다. 신념과 가치관 없는 역사공부가 되레 위험하다. 역사가 선동정치에 악용되고 이를 무비판적, 맹목적으로 받아들인 사회가 어찌 되었는지는 어디를 봐도 쉽게 찾을 수 있다. 결국 역사교육에서 신념도 가치관도 없는 '탈이념'은 바람직하지 않다기보다 불가능하다고 할 수 있다. 우리가 주목할 것은 '있다 없다'의 문제가 아니라, 특정 이념에 함몰되어 역사를 유일무이하게 해석하고 타인에게 강요할 때다. 다양한 해석이 역사의 본질이라는 점을 외면하고 특정 이념에 역사를 묻어버리려는 것을 묵과할 수 없다. 그렇지 않으면 사실이 의견에 굴복하는 것이 되는 것이다. 역사교육은 사실에 살고 사실에 죽는 것이다. 의견에 굴복한 사실은 비굴할 뿐이다.

역사는 이념에 봉사하는 홍보대사나 치어리더가 아니다. 이념을 알리기 위해 역사교육이 존재하는 것이 아니다. 자기 것만을 가르치려고 드는 전지적全知的 역사교육, 교육적이 아니라 계몽적인 역사교육, 좌우만 보고 앞은 보지 못하는 역사교육은 물러나야 한다. 좌우가 아닌 우리를 주목하는 역사교육, 오직 인간에게만 봉사하는 역사교육 그것이 진정한 역사교육이다.

집을 너무 자주 뜯어고치면 살림살이가 힘들고, 이사를 너무 자주 하면 자녀 공부를 망친다. 목소리를 절제하고 냉철한 자기 성찰이 절실한 때다. 민족이나 이념을 버리자는 것이 아니다. 민족과 이념을 제대로 작동하게 하자는 것이다. 역사를 공부하는 사람들이니 역사에서 좀 배우자. 조선후기 실학자인 최한기는 저서 『인정』人政에서 자신이 좋아하는 것만 보고, 자기 마음이 가는 대로만 행한다면 "인도人道는 이로부터 무너지리라" 경고했다. 상대를 바라보고 상대편의 이야기에 귀를 열어야 한다는 것이다. 그러려면 나의 문턱부터 낮추어야 한다.

장자는 소통을 위해 세 단계를 제안했다. 첫 번째 단계는 상대방과의 차이를 인정해 나와는 다른 존재임을 받아들이는 것이다. 두 번째는 상대방의 요구에 맞는 소통을 실천하는 것이다. 마지막 세 번째는 소통을 통해 자신을 변화시키는 것으로, 이것이 곧 소통의 핵심이라고 했다. 물고기는 물을 보지 못한다. 안에 보이지 않는 것은 밖으로 나오면 잘 보인다. 일단 나부터 자신의 울타리를 넘어와 밖을 보려는 용기가 필요하다.

냉탕과 온탕을 왔다 갔다 하면서 '차갑다!', '뜨겁다!'를 반복적으로 외치는 바보목욕은 이제 멈춰야 한다. 원효는 모든 논쟁을 조화시키는 통합의 원리로 화쟁和諍을 주장했다. 화쟁은 상반된 두 세계를 묘합妙合하는 원리로, '융이이불일'融二而不一이라고 불렀다. 상반돼 보이는 둘을 융합하되 하나로 획일화하지 않는 것이다. 한마디로 조화다. 같고 다름同異에 대해 원효는 "같다同고 하는 것이 다른 것異을 녹여 다 똑같이 만드는 것이 아니다"고 말한다. '엄마가 좋아, 아

빠가 좋아?' 같은 일방적으로 한 면만을 고집하는 것을 경계하라고
충고한 것이다.

그림을 보자. 우리는 백의민족_{白衣民族}으로 흰색을 사랑하니까 검은색을 모두 흰색으로 바꾸자고 한다면. 혹은 나는 검은색을 즐기는 '고스족'이니 하얀색을 검게 칠하자고 나선다면. 그러면 무엇이 남겠는가. 남을 부정하면 나 또한 존재할 수 없는 것 아닌가. 역도 경기를

떠올려보자. 좌우 균형을 잡지 못하면 어찌되나. 중심을 잡는 것이 역도의 생명이듯이 역사교육도 중심을 잃지 않는 것이 관건이다.

우리가 공동체를 구성한 이유가 무엇인가? 우리가 공동체를 구성하는 이유는, 개인들의 공통적인 문제들을 함께 해결하려는 필요성 때문이다. 공통적인 문제는 무엇보다 인간에 대한 성찰에서 나오는 것이다. 인간에 대한 성찰은 존재에 대한 이해이며, 그 출발과 종점은 '자기이해'다. 자기이해에서 출발하여 결국에는 자신에게 돌아오는 회귀적 성격을 갖는다. 자신이 올바로 서야 민족도 건강해지고 신념도 건전해지며 결국 삶 전체가 건실해질 수 있다. 이러한 '기립입인'_{己立立人}의 마음을 통해 역사와 만나는 것이 역사교육의 바른 모습

이다.

　구두를 만드는 제화공 가운데 으뜸은 구두를 잘 만드는 사람이 아니라고 한다. 좋은 제화공은 먼저 인간의 발에 대한 지식을 많이 쌓아온 사람이라고 한다. 역사를 제대로 배우는 것도 이와 다를 것이 있겠는가. 인간에 대한 따뜻한 애정과 깊은 성찰이 없다면 역사는 투명지식에 불과하다. 있으나 없으나 별 상관없고, 그 존재감을 알지 못하는 지식을 위해 우리가 시간과 땀을 투자해야 하는가. 민족이나 이념이라는 공적인 기능에 개인의 삶을 희생하던 시절은 지나가고 있다. 민족주의적 역사교육이나 이념을 앞세운 전위적前衛的 역사교육의 시대는 기울었다. 이제는 인간을 최우선시 하는 인문적 역사교육이 필요한 때다. 지는 해가 뜨는 해를 이길 수 없는 법이다. 민족을 위해 개인을 교육하는 대신, 이념을 위해 개인을 계몽하던 것에서 벗어나 이젠 반대로 개인을 성숙하게 이끌어서 열린 민족과 조화로운 사회에 기여할 수 있도록 방향을 바꾸어야 한다. 한 인간으로 과거 역사와 '사적私的인 대화'의 기회를 많이 제공하는 것이 새로운 역사교육에 기대하는 바이다.

미래지향적인
약골弱骨

인간은 태어나 성장하고, 자식 낳고 살다가 생을 마치는 생물학적 삶만을 살지 않는다. 수많은 사람들과 만나 손잡기도 하고 등지기도 하면서 사회적 삶을 영위할 뿐만 아니라 문학과 예술을 감상하고 스포츠를 즐기면서 살아간다. 생물학적 삶뿐만 아니라 사회적·문화적 삶도 인간의 몫이다.

다양한 삶을 살아가는 속에서 누구나 지금 보다 더 나아지기를 소망한다. 삶의 질적 향상을 꿈꾸며 살아가는 것이 인간이고, 인간만이 그런 꿈을 갖고 산다. 좀 더 행복하게 살고 싶은 마음, 다른 사람에게 인정받고 더 높은 지위로 오르고 싶은 욕구, 원하는 이성과 함께 하고픈 욕망, 건강하게 오래 살고자 하는 소망 등은 오직 인간만이 갖는 고유성에 속한다. 이런 희망을 품고 그것을 하나씩 이루어가면서 살고 있다. 그런데 자세히 보면 이 모든 것은 한결같이 미래를 향해 있다. 이제부터 노력해서 앞으로 그렇게 살려는 내일의 목표들이다. 삶이 미래를 향해 있는 것이다. 현재에 만족하지 않고 내일을 꿈꾸며 살아가는 미래지향적 삶, 그것이 우리의 삶이다.

그래서 오늘을 살면서도 늘 앞으로 어떤 일이 벌어질지 궁금해한다. 진학, 취업, 결혼, 가정, 자녀, 노후 등 알고 싶은 것이 제법 많다. 그런데 방법이 마뜩찮다. 무엇하나 명쾌하게 알려주는 것이 없다. 단순한 호기심 때문에 알고자 하는 것은 아니다. 앞으로 일어날 일을 미리 알고서 이에 대비하려는 이유 때문이다. 그런데 안타깝게도 그게 마음처럼 되지 않는다는 게 고민이다. 최첨단 과학도 정확한 얘기를 못해주고, 똑똑한 인간의 머리로도 한 치를 내다볼 수 없는 게 현실이다. 절실한 바람에도 불구하고 누구도 가르쳐주질 못하니 불안과 걱정이 쌓여간다.

흔히 사람의 걱정은 그 내용상 둘로 구분된다. 하나는 과거에 대한 후회고, 다른 하나는 불확실한 미래에 대한 염려다. 지나온 과거는 되돌릴 수 없으니 후회가 남고, 다가올 미래는 알 수 없어 마음이 무겁다. 단단한 과거와 잡히지 않는 미래 사이에 붙잡혀 답답하다. 이런 걱정에서 책을 읽어보기도 하고, 주변 사람들에게 조언을 구하기도 한다. 하지만 이 또한 명쾌하게 풀어주질 못한다. 많은 사람들은 결국 초자연적인 힘에게 의존하기에 이른다.

한 통계에 따르면 우리나라 성인 10명 중 8명 정도가 1년에 한 번 이상 점占을 본다고 한다. 점술인의 수는 50만 명을 넘어섰고, 역술 시장 규모도 3조원 정도라고 한다. 우리나라 쌀시장 규모와 맞먹는 규모다. 신문마다 '오늘의 운세'가 나오고, 젊은이들이 모이는 거리에 '타로'와 같은 점집이 늘어나고, 스마트폰을 통한 운세 관련 앱은 인기 절정이다. 까닭이 무엇인가? 대부분은 단순히 재미와 흥미라고 말하지만, 과연 그것만일까? 미래에 대한 불안과 궁금증이 그 저변에 깔려 있는 건 아닐까. 미래의 어둠 속에서 어스레한 빛이라도 뒤져보고 싶은 간절함이 사람들을 점집으로 향하게 하는 것 같다. 점이 우리의 미래를 맞출 수 없다는 것을 모두가 잘 안다. 그런데도 너무 울울鬱鬱하여 점집 문을 두드린다. 그 정도로 우리는 깜깜한 미래에 대해 알고 싶어 한다.

미신에 불과한 점을 제쳐둔다고 끝나는 것은 아니다. 미래를 막연하게 기다릴 수만은 없기 때문이다. 시간은 우리를 가만히 두지 않는다. 때가 되면 우리에게 선택을 요구한다. 사실 인생은 선택과 의사결정의 끝없는 연속이다. 전공을 선택하고, 진로를 결정하고 결혼도 신중하게 정해야 하는 등 인생의 마디마다 중요한 선택의 순간들이 기다리고 있다. 이런 사실을 표현한 실존주의 철학자 사르트르의 문장이 흥미롭다. '인생은 Bbirth(출생)와 Ddeath(죽음)사이의 Cchoice(선택)이다.' 우리는 태어나면서 죽을 때까지 크고 작은 선택이 계속되는 과정 속에 살고 있으며, 어떤 선택을 하느냐에 따라 다른 결과를 낳는다. 경우에 따라서는 순간의 선택이 평생에 영향을 줄 수도 있다. 선택 하나하나가 가벼운 일이 아닌 것이다. 그러니 모두가 올바른 판단과 후회 없는 선택을 바라는 것은 당연하고, 이를 위해 최선으로 애를 써야 하는 것이다.

운명적으로 미래를 위해 선택을 해야 하는 인간은 하나의 인생만을 살 수밖에 없다. 우리에게 주어진 시간이 아주 짧아 이것저것 다양하게 경험해 볼 수가 없고, 정해진 시간에 우리가 체험할 수 있는 공간 또한 극히 좁다. 사람은 자기 그릇 크기로 세상을 이해한다고 하는데, 시간과 공간적 협소함으로 인해 우리의 그릇이 너무 작다보니 많은 것을 담지 못한다. 그릇이 작은 까닭에 올바른 선택을 할 수 있는 능력이 충분하지 못하다. 미지의 내일을 향해 현명한 선택을 하기에는 1인분의 삶만으로는 너무 부족하다.

미래를 향해 가는 우리를 불안하게 만드는 또 하나는 인생이 늘 생방송 중이라는 것이다. 우리네 삶의 일부가 잘못되었다 해도 단 한 순간도 되돌릴 수 없다. 인생에서 아무리 작은 부분이라도 잘못된 곳은 지우고 새로 고쳐서 채울 수가 없다. 녹화도 편집도 할 수 없는 '라이브live'의 삶을 살고 있기에 우리는 늘 흔들리는 촛불처럼 불안하다. 주어진 상황만 보면, 인간은 매우 미약한 존재다. 미래는커녕 현재를 살아가는 데도 버겁다. 무언가 다른 방도를 찾아야 한다.

역사는
인간을 강하게 한다

자연의 생명체 가운데 인간은 그리 강한 종種이 아니다. 생물학적으로 볼 때, 인간은 크게 두 가지 약점을 갖고 있다. 조기출생론과 결핍존재론이다. 조기출생론은 인간은 너무 일찍 어머니로부터 분리된다는 것이다. '너무 일찍'이란 말은 시간의 정도를 말하는 것이 아니라 아이가 너무 무능하게 태어난다는 점을 지적한 것이다. 대개 동물은 출산 후 몇 시간이 흐르면 혼자 일어나 어미젖을 찾는다. 늦어도 1주일 이내면 제법 뛰기까지 한다. 그런데 인간은 혼자 달리는 것은 고사하고 걸음마도 보통 1년은 지나야 가능하다. 그것도 뒤뚱뒤뚱하는 수준이다. 갓 태어난 아기가 스스로 엄마젖을 찾아 먹는다는 것은 인간에게는 불가사의다.

결핍존재론은 우리 몸의 기능이 비전문화되어 있다는 뜻이다. 여타 포유동물에 비해 달리는 속도나 시력, 청력 등 신체기관이 상대적으로 크게 뒤떨어진다. 눈 좋기로 유명한 독수리의 시력은 10.0~12.0 정도로 알려졌고, 가장 빨리 달린다는 치타는 시속 100km 이상, 초당 30m 이상으로 달릴 수 있다고 한다. 우리는 어떤가. 우리의 시력은 독수리 시력의 1/10에도 못 미치고, 달리기에 있어서는 인간탄환이라는 우샤인 볼트 선수도 치타와 경주를 하면 그 요란한 세레모니는 가당치도 않다.

조기출생과 기관의 비전문화는 인간의 생존에 많은 어려움을 안겨 주었다. 누군가의 보호가 없다면 생존 자체가 위태로운 지경이다. 따라서 인간은 장기간 동안 보호를 받아야만 한다. 보호자로부터 독립하는 데 빠르면 20대 전후쯤이고 대개는 30대가 되어서야 자립이 가능하다. 이렇듯 인간은 자연생태계에서 보면 아주 미약하고 무력하다.

그럼에도 불구하고 인간은 만물의 영장이라고 자칭한다. 단순한 오만도 공연한 객기만도 아니다. 인간은 자신의 미약하고 무력한 태생적 한계를 지적인 능력으로 극복하였다. 망원경과 현미경 등을 만들어 독수리를 능가하게 되었고, 자동차를 만들어 치타를 가볍게 따돌릴 수 있게 되었다. 미약한 존재가 무한한 가능성을 가진 원더우먼과 슈퍼맨이 되어 지구 생태계를 주름잡는 수퍼생물종superspecies이 되었다. 다른 종種은 언감생심이다. 그래서 사자는 30%도 안 되는 성공률에도 불구하고 지금도 사슴 뒤를 쫓아 맹렬하게 달리고 있다.

이 모든 것을 가능하게 했던 결정적인 요인은 인간이 그동안 경험했던 모든 것들을 잊지 않고 기억한 덕분이다. 인간은 자신이 체험했던 것을 차곡차곡 쌓아올려 다음 세대에게 물려주었고, 다음 세대는 이를 디딤돌로 삼아 한 단계 더 올라설 수 있었던 것이다. 철학자 산타야나George Santayana(1863~1952)는 '역사를 기억하지 않으면 그 삶은 반복된다'고 했다. 인류에게 기억과 전승이 없었다면 옛 모습 그대로의 생활을 지금도 되풀이하고 있었을 것이다. 그런데 인간은 자신의 경험을 기억했다. 그 기억 덕택에 옛날과는 다른, 조금씩 발전된 생활이 가능했고, 이를 통해 생물학적 한계를 극복하고 만물의 영장으로 자부할 수 있게 된 것이다.

인류는 지난 경험을 기억하기 위해 다양한 형태로 기록을 남겼다. 바위에 새겨 놓기도 했고, 문자를 발명해서 글로도 남겨 후대에 전했다. 이런 기록들이 바로 역사다. 옛 사람들의 생각, 생활방식, 삶에서 겪은 경험 내용들이 남아서 우리에게 전해져 온 그 모든 것이 역사인 것이다. 한마디로 역사란 옛 사람들의 삶의 기록이고, 그들의 일기장이자 생활기록부라고 할 수 있다. 한 사람의 개인적인 일기장이 아니라 수많은 사람들의 생활이 담겨 있으니 공공公共의 일기장이라 부르는 것도 가능하겠다. 이 공공의 일기장은 원하는 사람은 누구나 자유롭게 볼 수 있다. 결국 역사는 공공의 일기장인 동시에 누구나 사용가능한 공동의 재산, 즉 공공재公共財(Public goods)라고 하겠다. 공공재란 원하는 사람은 누구나 대가를 지불하지 않고서도 사용할 수 있는 공적인 재산을 말한다. 태양에 임자가 정해져 있지 않듯이 역사도 누구의 소유가 아니다. 오직 태양을 품는 자만이 주인이 될 수 있듯이 역사를 자기 것으로 삼는 자가 역사의 주인이다.

역사를 품는다는 말은 자신의 삶을 위해 역사를 배운다는 것이된다. 이는 다시 공공의 재산인 옛 일기장을 들여다보는 것이 되겠고, 이는 바로 옛사람들의 삶을 읽고 배우는 것이 된다. 그들이 어떻게 생활했고, 무엇을 생각하며, 무엇을 하고자 했으며, 그들의 삶이어떤 결과를 낳았고, 그 영향과 의미가 무언지를 유심히 살피는 것이 역사의 주인공이 되는 것이고, 바로 역사공부다.

역사공부는 미래를 불안해하는 우리에게 많은 이야기를 해줄 수있다. 역사는 수많은 사람들이 쓴 일기장이니 당연히 거기에는 무수한 사람들이 등장한다. 소위 '좋은 놈', '나쁜 놈', '이상한 놈'이 부지기수다. 그러므로 이런 사람들의 다양한 삶의 모습이 고스란히 담겨 있는 역사는 다른 사람의 눈으로 세상을 보는 창을 제공한다. 1인분의 인생밖에 살 수 없는 우리에게 넓고 깊게 세상을 바라볼 수있는 기회를 마련해주는 것이다. 수많은 사람들의 세상살이를 여러측면에서 바라보고 삶의 본질을 파고 들 수 있는 눈을 맑게 해주니, 높은 곳에서 삶을 두루 살펴본다는 등고망원登高望遠이 가능하게 된다. '천 리를 보려고 누각 한 층을 더 오른다' 欲窮千里目, 更上一層樓는 당나라 왕지환이 쓴 시처럼 역사는 더 넓게, 보다 멀리 볼 수 있도록거인의 어깨 위에 우리를 올려준다.

역사와의 만남은 타자를 통해 나 자신을 들여다보게끔 한다. 다른 시대에서 다르게 살아가는 사람들을 만나면서 지금의 나를 살펴보게 되고 그런 가운데 자신의 경험은 커져간다. 하나의 인생을 살 수밖에 없는 한계를 넘을 수 있는 기회다. 다른 사람의 삶을 유심히 보고 혹은 타인의 삶에 나를 투영시켜보는 간접적인 경험이 자아를 확대하는 기회가 될 것이다. 뿐만 아니라 경험이 확대될수록 분별력도 기르고 올바른 판단에 필요한 선구안도 키울 수 있게 된다. '미래를 알고 싶으면 과거를 보라'는 가르침 그대로다.

과거 속에서 미래의 불확실성에서 비롯된 불안과 근심이 어느 정도 해소될 수 있는 개연성을 찾아볼 수 있다. 답답한 마음에 점집을 드나들기보다 역사책을 통해 자아를 확장하고, 통찰력을 키워 스스로 자신의 미래를 열어가는 것이 더 현명하다. 미래는 예측하는 것이 아니라 만들어 가는 것이라고 했다. 과거를 정면교사, 반면교사로 삼아 미래를 준비하는 것이 우리가 할 수 있는 최선일 것이다. 역사는 늘 인간의 곁을 지켜왔기 때문에 그 누구보다 인간을 잘 알고 있다.

과거엔 잠수함 속에 토끼를 싣고 다녔다고 한다. 실내 공기가 부족하거나 오염되면 가장 먼저 토끼가 알고 반응하기 때문이다. 한편 탄광에서는 광부들이 가스 누출 위험을 가장 먼저 알리는 카나리아와 함께 갱도에서 일을 했다고 한다. 잠수함에는 토끼가 있고, 광산에는 카나리아가 있듯이 우리에게는 역사가 있다. 위기의 해법을 역사 속에서 찾고, 미래에 대한 불안과 걱정을 역사적 지혜로 대비하기 위해 역사의 예방주사를 맞자.

삶을 위해
사력史力을 다하라

역사교육이란 사실史實과 교육적 가치의 결합이다. 역사의 교육적 인 가치는 역사적 사실 자체에서도 뿜어져 나오기도 하지만, 인간의 삶 자체가 만들어내기도 한다. 삶에서 생겨나는 물음에 대해 역사가 응답해줄 수 있다면 그 사실은 교육적으로 가치 있다고 하겠다. 달리 말하면 역사의 교육적 가치는 삶에서도 비롯된다는 것이다. 삶과 역 사가 깊은 상호작용을 할 때 역사는 교육적 의미를 갖는다는 것이다.

역사교육의 위기라는 말을 자주 듣는다. 이때 위기란 '역사지식 의 많고 적음'의 문제가 아니다. 필수과목 여부의 이야기도 아니고, 수업시수의 많고 적음은 더더욱 아니다. 위기의 원인은 삶과 역사가 따로 떼어져 있다는 점이다. 역사철학자 콜링우드Robin George

Collingwood는 자서전에서 "과거와 현재가 따로 노는 한, 과거에 대한 지식은 현재에 별 쓸모가 없다"고 지적했다. 본래 학문은 현실과 실생활을 떠나는 순간 공론公論이 되기 십상이다. 역사라고 예외일 수 없다. 그동안 역사는 삶을 떠나 강단 위에 머물렀다. 일상에서 떨어져 나와 멀고 높은 곳에 있으니 일반인에겐 잘 보이지 않게 되고, 잘 안 보이니 관심에서 벗어나고, 관심이 없으니 역사교육이 '힘'이 아니라 '짐'이 돼버렸던 것이다. 그러니 역사지식의 쓸모가 생길 리 없다. 앨빈 토플러가 말한 무용지식無用知識(obseledge)에 불과했다.

삶과 괴리되어 쓸모라고는 오직 시험 때뿐이다. 달달 외워서 시험에 한꺼번에 쏟아낸 후 증발해버리는 암기과목에 불과했다. 지나온 과거가 공허할 뿐이다. 삶과 역사가 함께 맞물려 톱니바퀴처럼 굴러가야 하는데도 둘은 물 위에 떠 있는 기름처럼 따로 놀았다. 역사의 위기는 바로 여기서 시작된 것이다. 역사지식을 교육적으로 활용하는 데 실패했기 때문에 오늘 역사교육의 수난 시대가 초래되었다.

따라서 위기 극복의 해법은 의외로 간단하다. 삶과 역사의 간격을 좁히면 된다. 삶이 곧 역사이니 역사를 일상으로 돌려보내면 된다. 전문가들이 있는 높은 곳에서 대중의 일상으로 내려와 그들의 삶의 이야기를 하면 된다. 지금까지 우리가 배우는 역사는 궁궐에서 이루어진 높고 큰(?) 이야기 위주였다. 종종 왕실의 국정홍보 같은 인상을 줄 때도 있었다. 전쟁도 위정자 중심으로 소개되면서 그 당시의 일반 백성들의 대응이나 수난 과정은 없었다. 전쟁을 '누구와 누가 언제 어디서 싸워서 누가 이겼다' 식으로 서술한다. 전쟁에서 사람들이 무엇을 어떻게 겪었으며 어떻게 극복해왔는지 등과 같은 사람들의 경험 내용이 없다. 역사가 살갑게 다가오지 못하는 이유다. 태풍에는 큰 나무만 흔들리는 것이 아니다. 바람막이 없고 버틸 힘이 약한 민초民草들이 먼저 눕는다.

건축가는 건물을 설계하는 사람이 아니라 인간의 삶을 설계하는 사람이라고 스스로를 칭한다. 디자이너에게 좋은 디자인이란 보기 좋은 것이 아니라 삶에 충실하게 봉사하는 디자인이라고 한다. 중요 무형문화재 제27호 승무의 예능보유자인 이애주 선생은 춤을 '삶의 몸짓'이라 정의했다. 한 시대를 살아가는 사람들의 삶에 담긴 슬픔과 기쁨을 응축하여 몸짓으로 절절히 표현하는 것이 그에게는 춤이었다. 춤을 단순한 감상용 예술이 아니라 삶을 비추는 거울로 간주한 것이다.

진리는 멀리 있지 않다고 했다. 율곡 이이는 『격몽요결』擊蒙要訣 서문에서 "사람들은 배우고 익히는 것이 일상생활에 있는 줄 모르고 어리석게도 높고 멀어서 행하기 어렵다고 생각한다"며 배움이 일상적 삶의 현장에 있음을 강조하였다. 한마디로 일상이 스승이라는 것이다. 항다반사恒茶飯事란 말도 같은 뜻이다. 마치 차를 마시는 것처럼 일상적이고 평범한 곳에 진리가 있으니, 삶에서 배움을 구하라는 가르침이다.

역사교육은 이제라도 역사와 삶, 역사와 나, 삶과 배움을 연결해주는 본연의 역할에 충실해야 한다. 순수한 사실fact 자체가 아니라, 사실과 학습자가 어떻게 상호작용하는지, 오늘의 사회현실에 어떻게 투영해볼 수 있는가를 유심히 살펴야 할 것이다. 과거 일어난 일의 성과만을 주목했던 좁은 시야를 벗어나, 그 오류도 함께 보고 또 그 의미까지도 종합적으로 따져보려는 노력이 필요하다.

역사가 일상 곁으로 내려온다면 실제처럼 체험하는 것도 가능해질 것이다. 수영을 책으로 배우는 것보다 물에 들어가서 배우는 것이 훨씬 효과적이듯 역사를 몸으로 배우는 것 또한 교육적으로 큰 의미를 지닌다. 이런 의미에서 역사는 일종의 경험재經驗財(experience goods)적 성격을 갖는다. 직접 경험해보면서 깊은 이해가 가능하기 때문이다. 전통문화에 있어서는 특히 체험이 역사 이해에 결정적인 역할을 한다.

문화적 체험을 통해 역사를 배우자는 주장에 반대할 사람은 없을 것이다. 그런데 우리 현실은 의외다. 적극적인 체험은 고사하고 전통과 문화를 멀찌감치 떨어져 쳐다보는 구경꾼으로 행동할 때가 많다.

한글의 경우가 그렇다. 세종대왕의 한글 창제는 '민족적 위업'이라 하여 역사에서는 매우 중시한다. 광화문에 세종대왕 동상까지 세우면서 말이다. 세종대왕이 앉아 있는 광화문이나 명동 또는 강남을 보자. 거리에 걸려 있는 수많은 간판들이 사람들의 시선을 당기려고 기를 쓰고 있다. 현란한 색상뿐만 아니라 상호나 문구를 가득 적어 놓았는데, 문제가 있다. 어찌어찌 해서 읽을 수는 있겠으나 그 뜻은 도통 알 수가 없는 것이다. 한자로 썼다고 모두 한문학이 아니듯이 한글로 적었지만 한글이 아닌 듯하다. 외국어는 홍수다. 고유한 문자를 가진 문화민족에서 보는 일상의 거리 풍경이다.

거리에서만 한글이 푸대접 받는 것은 아니다. 2013년 서울시 예산을 보면, 영어교육 강화를 위해 약 986억 원 정도가 책정되었다고 한다. 영어 조기교육이나 원어민 강사 지원 등 영어 보급에 그만큼의 돈이 지출되는 것이다. 한데 한글교육을 위한 예산은 얼만지 아는가. 고작 6억 원 정도다. 986억 대 6억. 그토록 자랑스러워하는 한글이 아니라 영어에 160배나 많은 '한국사람'의 세금이 지출된다니, 멀지 않은 곳에 앉아 계신 세종대왕의 기분이 어떠실까. 미국 입장에서는 감사패라도 줘야 하는 것은 아닌지.

외국인에게 우리 문화를 소개할 때 한복을 꼽는 사람이 많다. 그래서인지 외국인들에게도 한복이 제법 알려져 있다. 그런데 그들 대부분은 실제 한복을 입은 한국 사람은 거의 보지 못했다고 한다. 독일인 베르너 사세가 최근 자신의 저서 『민낯이 예쁜 코리안』에서 이런 점을 지적했다. 한국이 한복의 아름다움과 특성을 크게 홍보하지만 실제 한국 사람들은 일상생활에서 거의 입지 않는 점이 의아했다고 꼬집는다. 유감스럽게도 개량한복을 서비스 직원 유니폼이나 시위 복장으로 아는 외국인도 많다고 하니 우리도 놀랄 일이다. '역사 따로 삶 따로' 인 현실을 보여주는 대표적 사례다.

전통문화는 잘 보존해서 전승해야 한다. 전에는 문화재로 지정하면 손대서는 안 된다는 의식이 강했다. '접근금지', '출입금지' 표지와 함께 줄을 쳐서 일정한 거리를 두게끔 했다. 한옥이 '복원을 위한 복원' 차원에서 홍보와 관람용으로 손질했을 뿐 삶의 공간으로서 활용되지 못했다. 그러나 문화는 사용하고 활용하지 않으면 오히려 보존이 제대로 안 된다. 최근 들어 종갓집 고택이 체험공간으로 일반에게 공개되고 있는 점이 보여주는 바다.

가야금 명인 황병기 선생은 옛 것을 전수만 한다면 그것은 골동품에 불과하다고 했다. 경북 경주에서 문방사우 중 먹을 만드는 장인인 유병조 선생은 팔만대장경 경판이 지금껏 좀이 쓸지 않고 보존된 이유는 먹을 묻혀 자주 사용했기 때문이라고 강조했다.

역사적 전통은 원형 그대로 보존하는 것도 중요하지만 다양한 형태와 방식으로 일상과 접목시켰을 때 그 가치는 더욱 커진다. 전통문화를 생활 가까이에서 즐길 수 있는 오늘의 문화로 재현되고 재경험되는 '살아 있는 전통' 으로 자리 잡을 수 있도록 생각을 바꿔야 한다. 역사는 결국 삶을 위한 것이다. 좋은 역사란 인간에게 봉사하는 과거다.

　존재감이라는 것은 서로에게 의미를 주고받으면서 만들어지고 커져가는 것이다. 역사와 문화의 존재감은 인간의 곁을 지키면서 서로 상호작용하고, 그를 통해 과거의 역사와 현재 및 미래의 삶이 서로 상승작용하는 데 있다. 역사에서 인간을 배제한다면 과거의 기억은 공허해진다. 역사를 정확하게 기억하는 것에서 더 나아가 역사를 통해 자기 얘기를 하는 것이 더 중요하다. 한 손에는 역사를, 한 손에는 삶을!

제2부 역사 歷死

옛날 시골 마을에 인색하기로 소문난 영감이 있었다. 어느 날 저녁 우연히 젊은 도깨비에게 돈 다섯 냥을 꿔준다. 구두쇠인 영감이 어쩐 일인지 선뜻 돈을 빌려주었다. 그런데 다음 날 밤부터 이상한 일이 일어났다. 매일 밤마다 총각 도깨비가 와서 돈 다섯 냥을 영감 방문 앞에 던져 놓고 가는 것이었다. 하루도 빠짐없이 계속되었다. 그 이유인즉슨 도깨비가 기억을 못했던 것이다. 빌린 돈 다섯 냥을 갚았음에도 이를 기억하지 못하고 다음날 또 와서 다섯 냥을 영감 집에 던져 놓고 갔던 것이다.

기억은 사람을 전진하게 한다. 기억을 못하면 사람 간의 관계 맺는 것이 불가능해지고, 지식은 제자리에 멈추어 서 있게 되고, 경험은 채워지질 않는다. 인류 문명과 문화의 발전은 기억의 축적으로 가능했다.

기억하지
않으면 반복된다

기억은 학습學習의 첫걸음이다. 학습이라는 말 자체가 배우고學 그것을 익힌다習는 뜻이 아닌가. 익힌다는 것은 곧 쉽고 자연스러워질 때까지 되풀이해서 잊지 않으려는 구체적 행동이다. 배운 것을 잊지 않아야 이를 발판으로 다음 공부로 이어갈 수 있기 때문에 익히고 기억하려고 애를 쓰는 것이다. 배운 것을 기억하지 못한다면, 사라져서 되살릴 수 없다면, 그래서 배우기 전과 후가 똑같다면 무엇 때문에 시간과 노력을 들여 공부에 매달리나. 공부 자체가 무의미해진다. 단 한 발도 앞으로 나갈 수 없으며, 그러면 당연히 공부는 계속될 수 없다. 결국 배우고 익히는 것, 즉 학이시습學而時習은 바로 배움의 기본이자 출발이며, 기억은 배움을 담는 그릇이다. 기억되지 않으면 밑 빠진 독에 물 붓기다.

기억은 과거의 것을 되살려내는 소극적인 역할만 하는 것은 아니다. 옛것을 익히고 그것을 통해 새것을 안다는 온고지신溫故知新도 기억력이 없으면 불가능하다. 마주하는 사람을 기억하지 못하면 그와의 관계가 성립될 수 없고, 배운 지식이 남아 있질 않으면 제자리에 멈추어 있을 뿐 지적인 성장은 기대할 수 없다. 구구단을 기억하지 못하면 수학은 더 이상 진전이 어렵다. 알파벳을 기억하지 못하면서 어찌 영어공부를 이어갈 수 있겠는가. 옛 것이 저장되어 쌓이고, 그것이 주춧돌 역할을 해야만 이를 발판삼아 새로운 가능성도 펼쳐볼 수 있고, 발전된 미래로 한 계단 올라설 수도 있다. 기억이 단순히 과거를 잊지 않는 소극적인 활동에 머무는 것이 아니라, 온고지신을 위해서 기억은 적극적인 역할도 함께 담당하고 있는 것이다.

이러한 기억의 두 측면은 역사와 문화의 뿌리 역할도 수행한다. 우리가 향유하는 문화는 과거를 잊지 않고 꾸준히 축적해온 결과다. 과거에 대한 기록물인 역사를 통해 인류는 과거를 잊지 않고 기억해왔다. 유적, 유물이나 사료라는 옛 기억의 흔적들을 통해 우리는 자신의 과거를 깨닫게 되고, 공동체에 대한 소속감을 느낄 뿐만 아니라 책임감을 확인하고 실천하면서 공동체의 생명력을 이어왔다. 우리는 또한 과거를 기억하려고만 하지 않는다. 다음 세대에게도 우리가 한 일을 기억할 수 있도록 다양한 기록을 남기려고 한다. 옛 사람들로부터 얻은 지혜에다가 우리가 경험한 것을 덧붙여 전해주면서 문화를 계승할 뿐만 아니라 발전시켜 넘겨준다. 문화나 문명은 이렇게 과거에서 현재를 넘어 미래까지 잊지 않고 축적함으로써 발전하는 것이다. 과거를 기억하지 못했다면 어떤 문명이나 문화든지 모든 것이 존재할 수 없었을 것이며, 인류의 발전이란 한낱 환상에 불과했을 것이다. 역사를 기억하지 않는 자는 그 삶을 반복하게 된다는 말처럼 말이다.

『첫 키스만 50번째』라는 제목의 영화가 있다. 하와이를 무대로 젊은 남녀의 사랑이야기다. 수족관에서 동물을 돌보는 헨리가 우연히 루시라는 여성을 만난다. 둘은 서로 호감을 갖게 된다. 다음날 헨리는 다시 마주한 루시에게 반갑게 인사를 건네는데, 루시는 이 남자를 처음 본 사람이라며 그의 접근을 불쾌하게 느낀다. 사정인즉 루시는 1년 전 교통사고를 당해 기억이 멈춰버린 단기 기억상실증 환자였던 것이다. 루시는 오늘 일어난 일을 다음날이 되면 전혀 기억하지 못한다. 어제 만나 사랑의 대화를 나누었던 헨리도 다음날이면 처음 보는 남자일 뿐이다. 두 사람의 만남은 매일 매일 반복되지만, 다음날이면 그가 누구인지조차 기억하지 못하는 루시의 사랑은 유통기한이 딱 하루뿐이다. 그래서 지금까지 헨리와의 만남이 늘 첫날이고 그동안 서로 나눈 키스가 매번 첫 키스가 된다. 루시의 경우처럼 기억되지 않으면 똑같은 일이 단순하게 반복된다. 단 한 발짝도 내디딜 수가 없는 것이다.

역사와 문화의 발전을 위해 인류는 지혜를 모아왔고, 이를 오래 기억하기 위해 다방면으로 노력했다. 그 대표적인 것이 교육이었다. 과거 고전교육의 핵심은 기억 훈련이었다. 기억이 지혜를 축적하는 유일한 수단이었기 때문에 어릴 때부터 기억력을 높이기 위해 훈련을 지속적으로 해오면서 삶의 지혜를 꾸준히 지켜왔다. 그런데 안타깝게도 기억은 시간에 굴복한다. 배우고 익힌 것도 시간이 지나면서 점차 기억에서 희미해지며 망각된다.

'홍조' 鴻爪라는 말이 있다. 해안가 모래에 새겨진 기러기 발자국처럼 곧 물에 쓸려 없어질 기억이나 흔적을 뜻한다. 기억도 시간과 더불어 홍조처럼 사라져 간다. 즉 기억은 망각된다. 물론 망각이 반드시 부정적인 것만은 아니다. 행복의 조건으로 건강과 더불어 '나쁜 기억력'(=망각)을 꼽는 경우가 있듯이, 망각은 필요한 뇌의 기능이다. 남기고 싶지 않거나 불필요한 것들을 시간과 더불어 잊으면서 우리는 정신적 건강을 회복하기도 한다.

다만 문제는 간직하려고 애쓰는 기억까지도 시간의 흐름 속에서 지워진다는 것이다. 독일의 심리학자 에빙하우스의 '망각곡선 이론'에 따르면 인간은 보고 배운 것을 한 시간이 지나면 절반 정도, 한 달 후에는 80% 가량 잊어버린다고 한다. 20% 정도만 뇌의 한 구석에 희미하게 남는다는 것이다. 이러한 망각을 방지하는 가장 기본

경과시간	기억률(%)
20분	58.3
1시간	44.2
1일	33.7
2일	27.8
6일	25.4
31일	21.1

적인 방법은 반복밖에 없다 보니 옛날 우리 서당에서 천자문을 암송했고, '책을 100번 반복해서 읽으면 그 뜻을 자연히 알게 된다'讀書百遍義自見고 강조하면서 반복을 통해 기억을 붙들고자 했다.

망각곡선에서처럼 기억이 시간의 흐름에 무작정 쓸려 가버리는 것은 아니다. 기억은 대체로 불공평하다. 오래된 기억이 시간 앞에 더욱 초라하게 무너지는 것은 아니다. 심리학에는 '회고 절정'이라는 용어가 있다. 노인들에게 평생을 회고하게 하면 대개 10~30세, 즉 청소년기와 성인 초기의 기억을 가장 활발하게 떠올리는 현상을 가리킨다. 오래된 기억의 귀환이다. 죽음을 앞둔 사람이나 사형수에게 생의 마지막 날 '최후의 만찬'으로 어떤 음식을 먹고 싶은지 물었더니, 대부분이 어린 시절 먹던 지극히 평범한 음식을 찾았다고 한다. 추억이 얽힌 음식을 기억해낸 결과다. 비록 세월이 한참 지났지만 추억이 짙게 묻어 있던 어린 시절을 기억하고 있는 것이다. 이처럼 시간은 기억을 함께 데리고 흘러 가버리지만 기억력이 늘 시간의 무게에 무릎을 꿇는 것은 아니다.

한편 인간의 기억이 항상 정직한 것은 아니다. 1970년대 초 영국의 전기작가 필립 자이글러Philip Ziegler와 서섹스대학의 인류학자 톰 해리슨Tom Harrison의 연구에 따르면 '기억은 속임수를 쓴다'고 한다. 이들은 1940년 런던이 독일 폭격기의 대공습을 받던 상황을 생생하게 묘사한 일기를 찾아냈다. 그리고 일기를 남긴 6명에게서 30년 전 폭격 당시 상황을 직접 만나 다시 들었다. 그 결과는 '그들의 회상은 시간, 장소, 사건의 순서 등 모든 것이 일기와 달랐다'는 것이다. 이웃에서 일어났던 일까지도 자신이 직접 겪은 사건으로 잘못 기억하고 있었으며 모든 상황을 자기중심적으로 왜곡해서 기억하고 있었던 것이다.

우리의 기억은 없던 일도 마치 있었던 일처럼 창조도 한다. 이런 사실은 뉴질랜드 빅토리아대학의 킴벌리 웨이드Kimbery Wade 교수 팀의 연구 결과에서 입증됐다. 열기구를 타본 경험이 없는 20명의 대학생에게 자신들의 어린 시절(4~8세) 사진을 각각 4장씩 보여주었다. 사진 중에는 당사자가 열기구를 타고 있는 것으로 합성한 가짜 사진이 한 장씩 끼어 있었다. 그리고 3차례 인터뷰를 하면서 당시 기억을 질문했다. 그 결과 절반 이상의 학생이 가짜 사진을 근거로 열기구를 타보았다고 답을 했다. 이들은 가짜 사진에 자신의 기억을 맞추어서 없던 사실을 만들어내고 있던 것이다. 기억의 한계를 입증하는 연구 사례다.

기억은 또한 불완전하다. 한국과학기술연구원 신경과학연구단의 이창준 박사의 설명에 따르면, 인간의 기억은 기억 저장세포engram-bearing cell라고 불리는 뉴런들 속에 저장된다. 어떤 사건을 기억하려 하면 이 세포들로부터 레고블록을 쌓듯 정보의 조각들이 재조립되는데 이 과정에서 외부 환경이 개입하면 그 조합이 뒤틀리고 왜곡된다고 한다. 따라서 기억은 우리가 경험한 세상의 복사판carbon copy이 아니라 재조합일 뿐이라는 것이다. 기억이 조작될 수 있음을 암시한다고 하겠다.

이처럼 기억은 일관되지도 않고, 무의식적으로 왜곡되거나 불완전하다. 하지만 이런 기억의 한계를 이유로 과거에 대한 기억을 폄하해서는 안 된다. 말했듯이 기억은 인류 발전의 원동력이며 역사와 문화를 추동하는 기관차와 같기 때문에, 기억은 끊임없이 되살려야 한다. 비록 기억에 의존하는 사실史實이 모두 진실이 아닐지라도 우리는 진실을 추구하면서 계속 사실을 기억해야만 한다.

역사교육도 기억을 그 생명줄로 삼는다. 그동안 우리가 역사교육을 비판하면서 가장 많이 지적했던 것은 암기과목이라는 점이었다. 암기식 학습에 의존하는 역사교육이 모든 사람들의 비판을 받아왔다. 공공의 적이 된 상황이다. 그러나 위에서 보듯이 암기 없이 어떻게 경험이 쌓여가겠는가. 기억할 것은 기억해야 한다. 교육의 기본이 배우고學 익히는 것習이라 할 때 역사교육이 예외일 수는 없기 때문이다.

명심할 것은 역사교육이 기억에만 의존해서는 안 된다는 사실이다. 기억이 분명 학습의 중요한 전제조건인 것은 틀림없다. 그러나 역사교육은 결코 흉내쟁이가 아니다. 과거의 이야기를 완벽하게 기억해내는 '토탈 리콜'이 역사교육의 궁극적 목적이 아니라는 말이다. 과거 역사교육이 많은 비판을 받은 것이 바로 '기억'의 결과만을 중시했던 점이다. 실제 삶과 격리된 채 시험 이외에는 사용해본 적이 없는 1회용 '인스탄트' 지식을 외웠다. 에릭 프롬이 지적한대로 공장에서 '지식 상자'를 찍어내는 듯한 역사교육은 당연히 비판받아야 한다. 과거의 기억만이 역사교육의 본모습이 아니기 때문이다. 거꾸로 물어보자. 역사에 대해 많이 아는 교사가 훌륭한 역사교사이고, 이를 립싱크 가수처럼 아무런 느낌도 없이 입만 벙긋벙긋 따라하는 학생을 잘 배웠다고 칭찬할 수 있는 것인가.

단순히 과거를 암기만 한다면 '역사는 아무것도 가르쳐주지 않는다.' 글을 많이 읽고 외우지만 실생활에는 사용할 줄 모르는 백면서생白面書生, 간서치看書癡가 되기에는 시간이 아깝다. 그런 역사교육은 공부가 아니라 '노동'이다. 바로 이런 역사교육으로 인해 역사교육의 위기를 자초했다. 기억을 통해 지식을 소유하고 있다는 것만으로는 교육적 가치를 창출할 수 없다. 삶과 분리된 교육은 지적 낭비에 불과할 뿐이다. 지식은 삶에 기여할 수 있을 때, 그때에서야 비로소 가치로 이어지는 것이다.

역사는
수다쟁이

어떤 외국인은 한국 역사를 2000년 정도로 축소해서 봐야한다고
주장한다. 개인 생각이니 여기서 더 왈가왈부하진 않겠다. 반면 법
륜 스님은 우리 역사가 6000년 이상이라고 강조한다. 그렇지만 보통
우리가 알기로는 반만년 역사다. 중요한 것은 어느 것이 맞느냐가
아니라 유구한 역사에서 헤아릴 수 없이 많은 이야기들이 쏟아져 나
오고 있다는 사실이다. 마치 화수분처럼 끝 모르고 줄기차게 역사적
사실들이 솟구쳐 나온다. 태양이 식지 않는 한, 한국 사람이 지구상
에서 사라지지 않는 한 계속될 것이 틀림없다.

이렇게 무한대로 펼쳐지는 역사의 파노라마를 우리가 모두 받아
들일 수 있을까. 역사교육에서 모든 것을 다 가르치고 배워야 하는

건가. 아니다. 우선 불가능하기 때문이다. 그 많은 사실의 바닷물史海을 남김없이 다 마신다는 것은 우리의 능력 밖이다. 설사 가능하다 해도 그것이 교육적으로 의미 있다고 보기는 어렵다. 법률 조문을 모두 외웠다고 법률가가 될 수는 없다. 법률가에게 요구되는 건 단순한 법적 지식만이 아니라 사람을 이해하는 지혜와 법적 판단 능력이다. 마찬가지로 역사교육도 역사적 지식을 쌓아가는 데 그 목적이 있는 건 아니다.

그럼에도 불구하고 역사교과서는 더 커지려고만 한다. 최근 대입 수능에서 국사를 선택하는 비율은 10%를 넘나든다. 학생들이 외면하는 것이다. 이유는 간단하다. 학습량이 부담스럽기 때문이다. 암기해야 할 분량은 다른 과목의 2~3배에 이른다. 학생들에게 '히스토리 스트레스' , '히스토리 포비아' phobia(공포증)라는 말까지 나올 정도다. 양적 부담이 늘어나면서 학생들은 심지어 역사를 잔소리로 여기며 거의 관심을 보이지 않는다.

온갖 물건을 수집하고 저장하는 행동을 '호딩' Hoarding이라 하고, 이런 습관을 지닌 사람을 '호더' 라고 부른다. 무엇 하나 소중하지 않은 것이 없어 보이기 때문에 아무 것도 버리지 못하고 부둥켜안고 있는 것이다. 역사교과서가 점점 '호더' 를 닮아가고 있는 듯하다. 역사교육을 강화한다는 명분으로 더 많은 내용을 가르치려 하고 있기 때문이다. 모든 것을 보자기에 전부 싼다고 해서 더 매혹적인 것은 아닌데도 말이다.

관객 없는 영화가 무슨 소용이며, 음악에 반응이 없고 만든 음식을 먹어주는 사람이 없다면 어찌 해야 하는가? 반응이 없다면 상대의 관심을 얻는 데 실패했다는 것이다. 건강만을 강조하면서 입맛에 맞지도 않는 음식을 강요한다면 그것이 얼마나 효과가 있겠는가. 고전은 잘 읽지 않는다. 필독서라면서 적극 추천하는 고전을 사람들은 의외로 읽지 않는가. 충고와 교훈만 있을 뿐 흥미를 끌만한 것이 없기 때문이다. 울림은 강한데 학생들의 어울림이 없다.

악플보다 더 무서운 것이 무플이라고 한다. 무관심은 관계의 블랙홀이다. 일찍이 연암 박지원은 공감을 얻지 못하는 글공부를 '이명耳鳴'과 '코골이'에 비유한 바 있다. 이명은 자신은 소리가 들리는데 다른 사람은 듣지 못하고, 코골이는 반대로 남들은 다 알지만 나만 코고는 사실을 모른다. 읽는 사람과 공감하지 못하는 글도 이와 같다는 것이다. 남에게 전달되지 않는 글, 읽는 사람의 마음을 열지 못하는 글은 읽는 것 자체가 무의미하다. 그야말로 하얀 것은 종이요, 까만 것은 글씨일 뿐이다. '마음에 없다면 보아도 보이지 않고 들어도 들리지 않으며 음식을 먹어도 그 맛을 모른다.'

관심이 관계를 낳고, 관계는 관심이 있을 때만 유지될 수 있다. 역사에 대한 관심을 높이기 위해 먼저 배워야 할 분량을 줄이는 것이 급선무다. 책의 가치는 두께와 무관하다. 뷔페에서 별 먹을 것이 없고, 홍수 때 마실 물이 없는 것처럼 뚱뚱한 역사책이 오히려 지적 비만을 초래할 수 있다. 역사를 배우는 사람은 대식가가 아니라 미식가가 돼야 한다. 역사가 무궁무진하다는 것은 이 모든 것을 배워야 한다는 것을 뜻하는 것이 아니다. 역사교육을 위한 선택의 폭이

넓다는 것으로 이해해야 한다. 축적된 학문적 업적을 남김없이 수집하는 것이 아니라, 이를 교육적 가치에 따라 재정리하면서 양을 조절하는 작업이 선행돼야 한다.

원나라의 명재상이었던 야율초재의 말을 빌리면, '새로운 일을 하나 벌이는 것은 하고 있는 수고를 하나 더는 것만 못하다' 生一事不若滅一事고 했다. 더하기보다 빼기를 먼저 생각하라고 지적한 것이다. 몸집을 불리기보다 군살을 빼는 게 우선이란 얘기다. 양적 부담으로 학생들이 역사과목에 대해 흥미를 잃고 있는 상황에서 더 많은 것을 가르치려는 것은 과욕이다. 미국 속담에 '밤에 편히 잘 수 있을 만큼만 걸어라'고 했다.

사실의 부담을 최소화하기 위해서는 개별적 사실들 간에 공통분모를 늘리는 방법이 효과적이다. 사실들을 통합적으로 엮어 기본이 되는 뼈대를 구성한 후 다양한 사례들로 구체적 경험을 할 수 있도록 하는 것이다. 예를 들어 보면,

2010년 말 튀니지 남쪽 작은 마을에서 사건이 하나 발생한다. 여자 경찰관이 고졸의 청과물 노점상에게 철거를 요구하는 과정에서 침을 뱉었다. 모욕을 참지 못해 항의하던 노점상이 끝내 분신자살을 하면서 튀니지 전역에 격렬한 시위가 발생했다. 이 여파로 23년간 장기 집권한 벤 알리 대통령이 하야한다. 이른바 재스민혁명이다. 재스민혁명의 물결은 멈추지 않고 중동과 북아프리카로 확산되면서 각국의 나라꽃 이름을 따서 수련(이집트)·석류(리비아)·아네모네(시리아) 혁명이라는 민주시민혁명이 전개되었다.

이 일련의 혁명들을 우리가 배운다고 가정해보자. 각 나라별로 혁명 배경을 시작으로 그 과정과 결과 및 영향 등을 하나하나 배우는 것은 양적으로 적지 않다. 이때 단편적인 사실들을 통합적으로 엮어 하나의 이야기로 만들어볼 것을 제안한다. 이 모든 시민혁명을 오늘날의 관점에서 묶을 수 있는 열쇠말은 불평등이다. 서로 다른 체제에서 일어났지만 정치권력이건 경제적 권력이건 소수가 독점하는 것에 대한 분노의 폭발이라는 공통분모가 있다.

예나 지금이나 인간은 사회와 국가를 이루며 살고 있다. 집단을 이루며 사는 사회나 국가에는 불가불 지배층과 피지배층이 생기고 이들 사이에는 모순과 갈등이 늘 함께 했다. 인간의 이기심과 지배층이 갖고 있는 힘이 서로 만나 권력과 부가 이들에게 몰리면서 불평등은 그 크기를 더해간다. 이에 피지배층은 변화를 요구하고, 이 요구가 받아들여지면 그 사회는 개혁의 길로 들어서고, 거부했을 때는 혁명의 길을 선택했던 것이다. 이러한 역사흐름의 얼개를 먼저 살피고 그 후 개별국가별로 구체적 내용을 읽는다면 인지 부담을 크게 덜어줄 뿐만 아니라, 새로 접하게 될 비슷한 사건들에 대한 추론 능력도 기대할 수 있다. 즉 미국 금융 중심지 뉴욕에서 일어난 '점령하라!' 운동도 같은 맥락에서 볼 수 있다는 것이다. '뉴욕의 가을'이라고 불리는 이 시위도 그 본질에 있어서는 독점과 불평등에 대한 거부운동이었으며, 세계 도처에서 과거부터 지금까지 비슷한 항거抗拒는 계속되고 있다. 스파르타쿠스의 난, 노비 만적의 난에서부터 동학혁명을 거쳐 촛불시위까지 항상 현대사였다. 개별적 사실들을 두루 섭렵해야 한다는 심적 부담을 줄이기 위해서 사실들 간에 있는 공통분모를 찾아내어 '역사의 숲'을 먼저 감상하는 것이 도움이 될 것이다.

학습량을 줄이는 것과 더불어 역사에 대한 흥미를 높이기 위해서는 배우는 사람의 입장을 고려해야 한다는 점이다. 보통 약은 쓰다. 쓰니 약 먹기를 꺼리는 사람들이 있다. 몸을 생각하면 복용해야 하지만 약 넘기기가 힘들다. 가루약이면 더욱 부담스럽다. 그래서 먹기 좋게 캡슐에 가루약을 담고, 쓰지 않도록 캡슐 표면에 당분을 바른 당의정을 만들었다. 넘기기 편해졌고, 쓴 맛도 없다. 역사적 사실도 학습자 구미에 맞게 작고 쉽게 재구성해야 한다.

옛날에 살았던 사람의 이야기를 자신의 이야기 또는 누구나가 겪는 보편적 이야기로 만드는 것이다. 나와 관계되는 것에 대해 사람들은 관심을 갖게 되고, 관심이 흥미를 이끌기 때문에 옛날이야기를 지금 나의 이야기로 '고쳐쓰기'를 시도해 봄 직하다.

질문 하나. 대한민국 군대 가운데 가장 고된 부대가 어느 부대일까? 공수부대, 해병대, 헌병대, 수색대, 공병대, 수송대, 기갑부대, 의무대 ……. 나름대로 애로사항이 다 있다. 그래서 딱히 어디라고 말하기가 어렵다. 그런데 답은 있다. 정답이 있다. 대한민국 군대 가운데 가장 힘든 부대는 바로 '자대'自隊, 즉 자기 자신이 복무했던 부대가 가장 힘든 부대다. 다른 부대의 군 생활은 직접 겪어보지 못했기 때문에 그저 상상 속에서만 맴도는, 그래서 전혀 실감나지 않는 추상적인 이야기다. 하지만 내가 몸으로 '때웠던' 자대 생활은 하나하나가 리얼리티의 정수다. 그 끔찍한 기상나팔 소리, 완전 군장의 육중함, 입시나 취업경쟁보다 훨씬 치열했던 선착순 등등. 콩 튀듯 바쁘게 시간을 몸으로 버티던 자신의 자대생활이 그 무엇과도 비교가 되지 않게 무겁다. 오죽하면 제대 후 다시 군에 가는 꿈을 계속 꾸겠는가.

자신이 직접 경험한 것, 나와 밀접하게 관련되어 있는 일, 내가 스스로 선택한 것들, 낯익은 모습들이 마음에서 쉽게 떠나지 않는다. 관심에 저장되어 있다. 기억의 생명력은 그 내용이 나와 어느 정도 관련되어 있느냐에 달려 있다. 진한 관계면 깊게 기억에 새겨지고, 스쳐지나가는 가벼운 관계라면 홀연히 나를 떠난다. 역사의 이야기를 나의 이야기로 만들라. 역사를 가리키는 입장이 아니라, 배우는 입장에서 바라본 역사교육, 이른바 '주문자 생산방식' OEM(Original Equipment Manufacturing)의 역사교육이 필요하다.

팔만대장경도
모르면 빨래판

역사교과서는 어렵다고 한다. 가장 큰 이유로 외울 것이 많다는 점을 지적한다. 연도를 비롯해서 사람 이름, 사건과 작품명 그리고 지명도 어마어마하게 나온다. 다른 과목에 비해 기억해야 할 것이 훨씬 많다. 어렵다고 느끼는 게 당연하다.

그런데 여기서 한 가지 의문이 든다. 역사교과서가 어려운 이유가 정말 외워야 할 분량이 많기 때문이냐는 것이다. 외워야할 내용이 많은 것은 사실이지만 그것이 전부는 아니라는 생각이 든다. 혹시 어려운 이유가 다른 데 있는 것은 아닌지. 내용이 이해가 안 되면 그 많고 적음에 상관없이 어렵지 않던가. 내용이 쉬우면 설사 양이 많더라도 기억이 비교적 오래 지속된다. 반면에 통 이해가 되지 않는 것은 적은 양이라 해도 어려워 머리에 남질 않는다. 상대성이론이 어려운 것은 그 내용이 많기 때문은 아니지 않은가. 높은 수준의 물리학적 지식을 갖춘 사람들에게는 긴 설명이 없어도 되지만 그렇지 않은 우리에게는 E=mc²이란 다섯 자는 무척이나 난해하고 그 이론적 내용은 도무지 외워지질 않는다.

역사교과서를 어렵게 만드는 이유는 꼭 암기량 때문만은 아니다. 아니 그것은 오히려 부차적 이유다. 보다 근본적인 원인은 다른 데 있다고 본다. 크게 3가지로 정리하면, 먼저 언어적 표현을 지적하고 싶다. 한마디로 교과서에 쓰이는 언어가 난해하다. 두 번째는 역사적 사건은 복잡한 관계 속에서 전개되기 때문에 역사적 사실 자체가 어렵다는 점이다. 마지막으로는 내용이 지나치게 추상적이어서 구체적인 과거 모습이 떠오르지 않아 실감實感 혹은 공감共感하기가 힘들다는 점이다. 하나씩 나누어서 살펴보자.

법정 스님이 1950년대 말부터 60년대 후반까지 십여 년을 해인사에서 보낼 때였다. 하루는 팔만대장경이 보관되어 있는 장경각을 둘러본 후 계단을 내려오는데 어떤 할머니가 스님에게 묻는 것이었다. "스님, 팔만대장경이 어디 있나요?" 장경각에서 마주쳤던 할머니였다. "방금 보고 오지 않으셨느냐?"고 했더니, "아! 그 빨래판 같이 생긴 것 말이에요?"라며 할머니는 어이없다는 표정을 짓는다. 경판을 보면 직사각형 나

무 위에 한자를 가지런히 새겨놓았기 때문에 언뜻 보기에 빨래판을 닮았다. 크기까지도 비슷했으니 내용을 모르는 할머니가 알아보지 못한 것이다. 나라의 보물國寶이 할머니에겐 빨래판으로 보였던 것이다. 문문대왕 비석의 일부도 여염집 우물가에서 한동안 빨래판으로 사용되다가 우연히 발견되어 제자리에 갖다 놓은 일도 있었다.

어려운 말을 쓰면 그 내용을 이해하는 것도 그만큼 어렵다. 익숙한 말이 아니면 비록 내용은 쉽다 해도 읽는 사람은 그렇게 받아들이지 않는다. '유창성효과' fluency effect란 용어가 있다. 전하고자 하는 내용을 어려운 형태로 전달하면 사람들은 실제 내용보다 훨씬 어렵다고 느끼는 심리 상태를 말한다. '요리법' 이라고 하면 누구나 알 수 있는 것을 구태여 '레시피' 라는 말을 써서 어렵게 느끼도록 만드는 경우다.

역사교과서에는 한자어로 된 표현이 많다. 우리말의 약 70%가 한자어인 만큼 다양하고 정확한 표현을 구사하기 위해서는 한자 사용을 피할 수 없다. 특히 역사에서 사용되는 개념과 용어의 대부분은 한자어로 되어 있다. 그렇기 때문에 요즘처럼 한자를 정식으로 배우지 않는 세대에게 한자는 그 자체가 부담스럽다. 그럼에도 역사교과서는 한자식 표현이 허다하다. 일반적으로 사용하지 않는 한자어도 적지 않다. '혼인' 이나 '결혼' 대신에 '통혼' 通婚이라 쓰고, '빼앗은' 대신 '탈점奪占된' 이란 한자어를 사용하고, '독점하다 혹은 장악하다' 는 말을 '전제화專制化 하다' 라는 말로 표현하고 있는 역사교과서가 쉽게 보일 수 없다.

역사기록이 한자어로 되어 있기 때문에 한자식 표현은 어쩔 수 없어 보인다. 하지만 가급적 최소화하거나 쉬운 표현으로 바꾸어야 한다. 지금 누가 '탈점된 토지'라고 말하나. '빼앗긴 토지' 혹은 좀 더 설명식으로 '강제로 빼앗긴 토지'라고 해도 무방하지 않은가. 독자의 대부분인 한글세대를 고려해서 가급적 한자어 사용을 줄이려는 노력은 빠를수록 좋다.

아무리 좋은 내용도 배우는 사람이 받아들이질 못하면 무슨 소용인가. 교육적으로 무의미하다. 안 배우느니만 못하다. 영국의 역사학자 로이 포터는 "오늘날 엄청나게 많은 역사서술에서 독자는 행방불명된 사람처럼 보인다. 아마도 전문 역사가들이 대중을 위하여 서술한다는 인식을 대체로 잃어버렸기 때문인 것 같다"고 했다(설혜심, 『역사, 어떻게 볼 것인가』). 역사가 지나치게 무거운 글쓰기로 인해 독자를 잃어가고 있는 현실을 지적한 것이다.

한국에서 기독교가 빠르게 성장한 것은 성경을 한글로 번역해서 보급한 덕택이 크다고 한다. 누구나 읽을 수 있는 쉬운 한글로 번역되어 있어 많은 사람들이 성경의 가르침에 다가설 수 있었고, 이를 통해 교세가 빠르게 확산될 수 있었다는 평가다.

유럽에서도 종교개혁 이전까지 성서는 라틴어로만 읽혔다. 라틴어는 귀족이나 교육받은 이들이 쓰는 언어였다. 라틴어로 쓴 성서는 성직자들의 전유물이었다. 종교개혁에 처음 불을 지폈던 독일의 루터(1483~1546)는 이를 성직자 부패의 원인 가운데 하나로 보았다. 그래서 루터는 누구나 예수의 가르침과 직접 대면할 수 있도록 당시 서민들의 언어였던 독일어로 성경을 번역했던 것이다. 루터보다 훨씬 앞선 시대에 살았던 프란체스코(1182~1226)도 그런 생각을 했다. 라틴어로만 읽히는 성서에 반기를 들었다. 그래서 아시시 지방의 방언으로 그는 '평화의 기도'라는 찬미가를 지었다. 라틴어가 아닌 토스카나 지방의 방언으로 썼다는 단테의 『신곡』(1321년 완성)보다 100년가량 앞선 시도였다.

불교의 『반야심경』은 기독교의 '주기도문(주님의 기도)'만큼 중시되면서도 경전 자체가 한자로 되어 있어 일반 신자가 이해하기 어렵다는 지적이 많았다. '어렵고, 고루하다' '뜻은 모른 채 암송만 한다' '부처의 가르침은 놓친 채 주문이 되었다'는 문제 제기가 있었다. 그래서 2011년부터 한자어로 읽히던 불교 경전 『반야심경』般若心經을 마침내 한글로 바꾸는 개혁 운동이 일어났다.

언어학자들은 언어에는 3가지 기능이 있다고 한다. 인식적 기능, 표현적 기능, 수행적 기능. 인식적 기능은, 우리가 말과 글을 통해 세상 지식을 얻게 된다는 것이다. 입말과 글말을 통해 우리는 가르치고 배운다. 표현적 기능이란 말로 자신의 의지와 감정 등을 표현하는 것을 말한다. 시나 소설은 표현적 기능의 대표적 예라 하겠다. 수행적 기능이란, 말이 어떤 행동을 이끌어 내는 것을 말한다. 누구에게 지시나 명령을 하는 경우라 할 수 있다.

여기서 특히 우리가 주목하는 것은 언어의 인식적 기능이다. 교육은 언어를 통해서 이루어지고, 이 언어가 교육의 성패를 가르는 중요한 역할을 담당하고 있기 때문이다. 역사교육도 언어 사용 문제를 심각하게 고민해야 한다. 무엇보다 쉬운 언어를 사용해야 한다. 한자어 사용을 줄이는 것이 한 가지 방법이다. 그렇다고 한자 사용 자체에 대해 반대하는 것이 아니다. 읽는 사람을 보다 더 고려해야 한다는 뜻이다. 중국의 사상가 후스는 '언어만 있고 사물이 없는 글을 쓰지 말 것'을 요구했다. 내용을 제대로 전하지 못하는 언어는 바꿔야 한다. 소통하기 쉬운 말로 풀어써야 한다. '통혼'을 '혼인 관계를 맺음' 등으로 풀어쓰는 것이 한글세대에게 어울리는 표현이다. 담긴 뜻이 높다하여 '글'도 어려워야 하는 것은 아니다.

역사교육에서 언어는 글말과 입말만 있는 것은 아니다. 빅토르 위고의 말처럼, 역사는 글로 쓸 수 있지만 건축으로도 쓸 수 있다. 추상적인 글 표현 보다는 역사를 구체적으로 형상화한 이미지를 이용하는 것이 더 효율적일 수 있다. 건축물이 그 대표적인 예다.

한자로 된 불교 경전을 대다수 신자가 읽지 못하던 시절, 신앙심을 고취시키는 방법으로 문자보다는 구체적으로 볼 수 있고 만질 수 있는 물질적 대상을 선택했다. 그 덕분에 불탑이나 불상·불화는 물론 이런 것들을 품은 사찰이 자연스럽게 발달하게 됐다. 불교의 조형예술품은 적극적인 포교의 수단이면서 일차적인 신앙의 대상이었다.

우리에게 역사의 보고로 사찰이 있었다면 서양에는 교회가 있다. 교회 건축도 사찰처럼 포교의 한 방법으로 이용되었다. 특히 교회 내부에 설치된 대형 창문, 즉 스테인글라스에는 성경의 내용이 이미지로 표현되어 있어, 라틴어를 모르던 일반 서민들에게 성경 내용을 알리는 데 적극 활용되었다. 다양한 성화가 발달한 것도 같은 맥락에서 이해할 수 있다.

최근 들어 '산업유산'이라는 말을 자주 한다. 쇠퇴한 산업시설을 문화적 공간으로 재활용하는 것을 말한다. 과거 산업화 시대에 운영되던 발전소나 공장 등도 그 시대를 알려주는 역사로 보고, 이를 역사교육의 공간으로 활용하는 것이다. 옛 화력발전소를 전시 공간으로 탈바꿈하고, 영국 템스 강변에는 한국전쟁에 참전했던 낡은 군함을 문화공간으로 전시하는 것 등이 좋은 사례들이다.

우리의 현실을 돌아보자. 조선총독부 건물이 쉽게 사라졌다. 부끄러운 것을 감추는 것이 능사는 아니다. 반면교사는 사전에만 있는 단어가 아니다. 그리도 간단하게 과거가 허물어진다는 현실 앞에서 유구한 역사를 자랑스럽게 생각한다는 문화민족이 맞는 건지, 역사의식이 올바로 자리한 것인지 의문이 든다. 역사교육의 위기는 바로 이러한 무감각에서 비롯된 것일지도 모른다. 독일이 유태인 학살에 대해서 유태인들과 세계를 향해서 거듭 사과를 했던 것은 그 폴란드의 아우슈비츠 같은 현장이 생생하게 보존되어 있는 역사의 힘을 무시할 수 없기 때문이라고 하지 않던가.

역사교육의 언어는 다양하다. 반드시 책을 봐야 하는 것이 아니다. 오히려 책 너머에도 쉽고 흥미롭게 역사를 이야기해주는 언어는 많다. 중요한 것은 이 모든 것이 학습자를 향해야 한다는 사실이다. 연극배우는 관객을 보며 자기조절을 한다. 관객이 좋은 배우를 만드는 셈이다. 역사교육도 배우는 사람을 향해 있을 때 좋은 역사교육을 기대할 수 있다. 그들의 언어로, 그들의 어깨 높이로, 그들의 맥

박수에 맞게, 그들의 호흡에 맞춰 소통하는 것이 좋은 역사교육이다. 최고의 가르침은 배우는 사람에게 최적일 때 비로소 가능해진다. 최고의 가르침이 담긴 팔만대장경도 보는 사람에게 어렵게 다가가면 한낱 빨래판에 불과할 뿐이다.

복잡하면
어렵다

　한 친구가 자신이 본 영화에 대해 아직 보지 않은 친구에게 설명하는 경우를 상상해보자. 2시간 정도 상영되는 영화라고 할 때, 그 내용을 대사 하나하나 되뇌고, 장면 모두를 세세하게 묘사하며 이야기하는 경우는 아마 없을 것이다. 2시간을 그대로 재현하지 않을 것이라는 거다. 뼈대가 되는 줄거리만을 짧게 설명하는 것이 보통의 모습일 것이다. 그 요지만 들어도 영화 전반의 흐름을 이해하는 데 별 어려움은 없다. 소설이나 드라마의 경우도 마찬가지다. 축약縮約된 핵심 요지만으로도 전체 이야기의 골격은 파악할 수 있는 것이다.

　자고로 인간은 복잡한 설명보다는 간단한 설명을 좋아하는 습성이 있다. 때문에 긴 설명보다는 짧고 명확한 요점을 더 선호한다. 교장 선생님 훈시를 생각해보라. 어디 하나 버릴 말이 있었나. 구구절절이 지당한 말씀 아닌가. 그런데도 '끝으로, 마지막으로' 하며 여름 엿가락처럼 연설이 축축 늘어지면서 말의 값이 사라진다. 주례사도 길면 하객들이 식당으로 슬그머니 옮겨간다.

역사도 긴 설명으로 독자를 잃는 경우가 많다. 역사 이야기는 원인과 결과가 하나로 연결된 실오리가 아니다. 수많은 사실들이 서로 꼬이고 엉킨 실타래와 같다. 비록 하나의 이야기라도 내용의 전개 과정이나 길이가 길고 규모가 매우 큰 대하드라마와 같을 때가 많다. 꽤나 복잡하고 시간도 제법 길다. 이런 이유 때문에 역사가 어렵다는 것은 역사가 복잡하다는 의미로 받아들일 수 있다. 복잡해서 어렵고, 어려워서 가닥이 잡히질 않고 그러니 머리에 쏙쏙 들어오질 않는 것이다.

복잡해서 어렵고 어려워서 배우기 힘들다면, 반대로 해보는 것은 어떤가. 간단하면 쉽고, 쉬우면 배우는데 부담이 덜 하고 그러면 기억하기도 편할 것이다. 반드시 그렇다고 할 수는 없어도 크게 틀린 말은 아닐 것이다. 복잡하다고 멀리하는 것과 간단한 설명을 듣는 것하고 어느 것이 더 날까. 전체를 상세하게는 아닐지언정 우선 큰 줄기를 파악하는 것이 당연히 낫다. 여기에서 실마리를 찾고자 한다. 역사가 어렵다는 문제를 해결하기 위해 간단한 설명 방식을 생각해보자는 것이다. 간단하게 한다는 것은 복잡한 문제를 단순화한다는 것이다. 복잡하게 얽혀 있는 관계에 경중을 가려내고 그것에 우선순위를 매긴다. 그리고 중요한 것을 선택해서 이를 중심으로 설명을 하는 방식이다.

한의학에서 병을 진단할 때 맥을 짚어 증세를 살피고, 치료를 위해 경혈을 찾아 침이나 뜸을 놓는다. 단순화라는 것은 맥과 경혈처럼 어떤 사실에서 최소한의 핵심을 추려내서 이를 근간으로 설명을 간단하게 구성하는 것이다. 여기서 말한 최소한이란 '가장 작은' 이란 뜻 보다는 '꼭 있어야 하는', '빼놓아서는 안 되는' 이란 의미다. 가장 중추적인 내용으로 설명을 단순화하는 것이다.

역사적 사실을 단순화시키는 것은 이해의 첫 과정일 뿐 완성은 아니다. 사실 자체가 워낙 복잡하여 알기가 어려우니, 쉽게 이해할 수 있도록 그 윤곽부터 먼저 잡자는 것이다. 하지만 간단한 설명이 핵심 파악에는 도움이 되지만 총체적 사실을 알기에는 부족하기 때문에 폭넓고 깊이 있는 다음 단계가 이어져야 한다는 것이다. 한마디로 설명을 순차적으로 하는 것이다. 단순화라는 기초과정을 통해 이야기의 중심을 잡고 이를 토대로 동심원적 확장을 통해서 설명의 폭과 깊이를 더해가면서 마침내 종합적 이해에 이르는 것이다. 정리하자면 복잡다기한 사실을 정확히 이해하기 위해 예비과정과 확장과정이라는 두 단계로 나누어 순차적으로 설명하는 것이다. 그 구체적인 예를 한번 보자.

근·현대 시대를 설명하는 과정에서 모더니즘과 포스트모더니즘이란 말을 자주 사용한다. 정치, 경제 및 사회뿐만 아니라 문학이나 예술분야에서도 폭넓게 쓰인다. 쓰임이 넓은 만큼 그 의미 또한 다양해서 설명이 쉽지 않다. 서구에서는 근대화를 자본주의로 보는 반면 아시아에서는 반제국주의로 이해하기도 한다. 산업화를 근대화와 동일시하는 경우도 있고, 자연에 대한 인간의 도전의 시대라고 말하는 사람들도 있다. 포스트모더니즘도 그 뜻에 차이가 크다. 후기모더니즘이라 하여 근대화 시대가 저물면서 다가올 새로운 시대를 포괄적으로 말하는 경우가 있다. 반면에 '탈근대화'라고 하여 모더니즘을 비판하면서 그에 대한 거부 내지는 극복을 주장하는 사람들도 있다. 이와 같이 모더니즘과 포스트모더니즘은 그 쓰임과 의미가 무진장하다보니 이해가 쉽지 않다.

이제 모더니즘과 포스트모더니즘을 단순화해서 설명해보자. '인간은 이성의 동물이다' 혹은 '인간은 감성의 동물이다'는 말은 모두가 들어봤을 것이다. 같은 인간을 두고 정반대로 보고 있다. '이성이냐 감성이냐 하는 차이가 바로 모더니즘과 포스트모더니즘을 구분하는 기준이다. 모더니즘은 인간을 이성적 존재라고 본다. 반면 포스트모더니즘은 인간이 감성적 존재라고 믿는다. 지극히 단순화시켜 둘을 구분한 것이다. '모더니즘=이성, 포스트모더니즘=감성.'

이 단순한 설명을 중심으로 이야기를 좀 더 넓혀보자. 동심원적 확장을 통해 모더니즘과 포스트모더니즘에 대해 좀 더 깊은 이해를 시도해보자. 모더니즘을 먼저 살펴본다.

모더니즘이 주목하는 이성의 특징은 수학 과목에서 잘 드러난다. 수학은 정확하고 엄밀하여 예외가 없고, 그래서 정답이 있고, 정답이 있기 때문에 '맞다 틀리다'를 분명하게 구분할 수 있다. 누구나 거부할 수 없는 객관적 정답이 존재한다. 이 객관적 정답, 법칙을 추구하는 것이 이성의 궁극적 목적이다. 한 치의 오차도 없이 그리고 시간과 공간을 넘어 변함없는 원칙에 도달하는 것을 목표로 삼는다. 이는 과학의 특성이기도 하다. 과학도 법칙을 추구한다. 언제 어디서나 통용되는 법칙을 찾는다. 수소H 2개와 산소O 1개가 만나면 조선시대나 21세기에나 똑같이, 또 한국이든 아프리카든 예외 없이 물 H_2O이 된다. 따라서 이성 중심의 모더니즘은 수학과 과학을 사랑한다. 수학과 과학의 전성시대라고 할 수 있다. 수학과 과학적 능력은 지능지수, 즉 IQ(Intelligence Quotient)로 측정했다. 따라서 모더니즘 시대에는 IQ가 높은 사람을 똑똑하다고 했다. 수학영재, 과학영재라는 말을 당연시하고, 수학이나 과학 올림피아드나 경진대회 등에서 입상한 사람을 수재 또는 영재라고 하여 엘리트로 대접한다.

이성이 지향하는 엄밀한 법칙성은 모든 것에 하나의 원칙을 적용한다는 점에서 획일성과도 같다. 일체 다른 것을 허용하지 않고 하나로 모든 것을 통일하고자 한다. 수렴되지 않는, 즉 통일을 헤치는 것은 받아들이지 않으려 한다. 모든 학생이 똑같은 교복을 입고, 머리모양 또한 한결같던 학창시절. 정해진 규정에서 조금만 벗어나도 선생님들의 눈이 커지고 목소리가 거세진다. 톱니바퀴를 보자. 하나하나의 톱니는 모두 똑같아야 한다. 톱니 하나가 저 혼자 삐죽 나오면 그것은 잘못된 것이다. '모던 타임즈'라는 영화에서 찰리 채플린이 톱니바퀴에 매달려 기계 속으로 빨려 들어가는 장면이 나오는데, 그 톱니바퀴가 모더니즘을 상징하는 것이다. 맥도널드에서 파는 햄버거는 어디서나 맛이 같다. 지역에 상관없이 크기도 같고, 맛과 가격도 똑같다. 따라서 모더니즘에서 추구하는 획일화, 표준화를 맥도 널드화化라고도 한다.

정리해보자. 모더니즘은 인간이 이성적 동물이라는 전제에서 시작 되었고, 그 특징은 법칙성에 있기 때문에 수학과 과학이 중시되었으 며, 그에 따라 지능지수IQ가 높은 사람을 엘리트라고 했고, 표준화된 사회 속에서 학생들은 똑같은 교복을 입고, 같은 머리모양을 하고 많 은 사람들이 거리에서는 맥도날드를 먹고 자판기 커피를 마시거나 '커피 둘, 프림 둘, 설탕 둘'을 넣은 이른바 '다방커피'에 익숙했다.

모더니즘이 인간의 이성을 엔진으로 해서 움직이는 사회라면 포 스트모더니즘은 인간의 감성이 이끄는 시대를 말한다. 인간의 감성 은 하나로 통일되어 있지 않다. 하나의 현상에 대해서도 다양한 감 정들이 생겨나고 사람마다 각기 다르게 반응을 하는 경우가 많다. 심지어 정반대의 감정이 일어나기도 한다. 이렇듯 인간의 감성은 하 나로 묶어서 설명하기 어려운 개성적인 특성을 갖는다. 따라서 이성 의 통일성을 강조하는 모더니즘과는 달리 포스트모더니즘은 다양성 과 개성을 존중하는 시대라고 하겠다.

인간의 다양한 감성이 주목을 받게 되면서 이성시대에 강조되던 지능지수IQ대신에 감성지수EQ(Emotional Quotient)가 주목을 끌게 되었다. 감성지수란 거짓 없는 자기의 느낌을 솔직하게 인정하고 마음으로부 터 납득할 수 있는 판단을 내리는 능력, 불안이나 분노 등에 대한 충 동을 조절할 수 있는 능력, 궁지에 몰렸을 때에도 자기 자신에게 힘을 북돋아주고 낙관적인 생각을 유지할 수 있는 능력, 남을 배려하고 공감할 수 있는 능력, 집단 속에서 조화와 협조를 중시하는 사회적 능력 등을 일컫는다. 차가운 이성 대신 따스한 인간의 감수성이 행복한 삶과 밝은 사회를 만드는 데 핵심 역할을 하리라 믿는 것이다.

냉철한 이성적 사고를 강조하며 수학과 과학을 학문의 중심으로 삼았던 모더니즘적 사고에서 벗어나 사람의 마음을 따스하게 해주는 인문학이 사회적 관심을 끌게 되었고, 사람의 마음과 관련된 다양한 프로그램들이 등장한다. 음악치료, 미술치료, 운동치료, 템플스테이, 피정 등 사람들의 지친 마음을 위로하고 어루만져주는 치유healing 활동이 널리 유행하게 되었다. 획일적이던 사회생활에도 각자의 개성이 적극적으로 표현되기 시작했다. 학생들의 교복이 자율화되었고 빡빡머리와 단발머리는 사라졌다. 일정한 비율로 커피·프림·설탕을 저어 마시던 이른바 '다방커피' 대신에 수많은 커피가 카페에 등장하면서 어른들이 주문대 앞에서 당황하여 자판기를 찾아 두리번거리기도 한다. 한마디로 개성의 시대다. 이것이 포스트모더니즘의 시대인 것이다.

두 시대를 또한 '직선의 시대'와 '곡선의 시대'로 비유할 수도 있다. 이성을 토대로 한 모더니즘은 속도를 중시한다. 속도가 빠를수록 효율적이기 때문이다. 최소한의 노력으로 최대한의 결과를 만들고자 했고, 그러기 위해서는 같은 일을 최대한 빠르게 달성하려고 한다. 목표로 하는 빠른 속도와 효율성은 기계화·자동화를 통해 실현되었다. 인간의 이성이 만들어낸 성과였다. 빠를수록 효율적이라는 생각은 생활전반으로 확산되었다. 구불구불한 골목길 대신에 직선의 도로를 만들고 전국에는 고속도로가 곧게 뻗어갔으며, 빙글빙글 오르는 계단의 수고로움 대신 엘리베이터와 에스컬레이터로 곧장 올라간다. 등산은 정상을 빠르게 올라 '야호'를 부르는 것이 목표가 되었다.

직선 대신에 포스트모더니즘은 곡선의 의미를 찾고자 한다. 고속도로를 달리면서 주변의 자연을 못 보고 지나쳤다. 효율성을 강조하며 빠르게 돌아가는 산업사회에서 사람들이 보이질 않았다. 느리지만 구불구불한 옛 길에는 자연이 있고, 마을이 보이고, 사람이 다가온다. 빠르게 돌아가는 일터에서는 사람의 숨찬 소리를 듣고 진한 땀 냄새를 느끼고 지쳐서 처진 몸을 만져보려고 속도를 줄인다. 빠르게 산 정상을 향해서 성큼성큼 오르던 사람들이 한가로이 주변의 풍취를 느끼면서 천천히 올레길을 걷고 있다. 정상을 굳이 오르려 하지 않는다. '야호' 대신 자연에게 속삭이며, 기계적인 속도로 뛰는 대신 마음의 속도로 걷는다. 사람의 감성이 이성을 이겨내는 이런 모습들이 포스트모더니즘 시대상이다.

지금까지 모더니즘은 '이성'의 시대, 포스트모더니즘은 '감성'의 시대로 단순화시켜 보았다. 그리고 단순화를 중심으로 하여 동심원적으로 확장하면서 설명을 넓혀갔다. 지나친 단순화로 보일 수도 있지만 복잡한 현상에 대해서 단순하면서 명쾌한 설명이 가능하다는 장점을 가볍게 보아서는 안 된다. 복잡함은 당연히 사람들의 접근을 어렵게 한다. 단순화를 통해 기본을 찾고 이를 중심으로 이해의 폭을 깊고 넓게 하는 동심원적 확산은 이런 문제를 해결하는 하나의 방법으로 활용 가치가 있다. 복잡할수록 기본을 되돌아봐야 한다.

멀리 있는 물은 가까운 곳에 난 불을 끌 수 없다

역사는 시간적으로나 공간적으로 현재와 다르다. 지나간 시간, 지금과는 다른 환경 속에서 일어난 일이기 때문에 지금 나와는 직접적인 관계가 없어 보인다. 보이지도 들리지도 않기 때문에 그 상황이나 인물이 실감 있게 다가오는 것도 아니다. 그래서 역사는 이해하기가 쉽지 않다. 그것만이 아니다. 역사책 특히 역사교과서에는 제도나 추상적 용어가 많이 쓰이고 있기 때문에 어려움은 더해진다. 실감이나 공감이 제대로 이루어지질 않아 내용 파악이 어렵게 느껴지고 있는 실정이다.

고등학교 한국사 교과서를 예로 소개하면 중앙 행정 기구, 지방 조직 등에 대해 다음과 같이 서술되어 있다.

"고려의 중앙 정치 조직은 성종 때 마련한 2성 6부제를 토대로 하였다. 최고 관서인 중서문하성의 문하시중이 국정을 총괄하였고, 6부를 거느린 상서성은 정책의 집행을 담당하였다. 중서문하성과 대등한 위치에 있었던 중추원은 군사 기밀과 왕명의 출납을 담당하였다. 도병마사와 식목도감은 고려에만 있던 독특한 기관으로, 중서문화성과 중추원의 고위 관료들이 모여 국가의 중대사를 결정하는 회의 기구였다. …… 지방 행정 조직은 전국을 5도와 양계, 경기로 크게 나누고, 그 안에 3경, 4도호부, 8목을 비롯하여 군·현 등을 두었다. 5도에는 안찰사를 파견하고, 군·현·진에는 수령을 파견하였는데, 관리가 파견된 주현보다 파견되지 않은 속현이 많았다. 속현과 향·부·곡 등 특수 행정 구역은 주현의 수령이 향리를 이용하여 간접적으로 통제하였다. 북방의 국경 지대에는 동계, 북계의 양계를 설치하여 병마사를 파견하였다. 국방상의 요충지에는 도호부를 설치하였다."

고려시대가 제도를 중심으로 서술되어 있다. 교과서 반 페이지 정도에 20여 개가 넘는 고유명사나 제도 명칭이 담겨 있다. 중앙과 지방 행정 조직이 어떤 목적에서 설치되었고 그 의미나 한계는 무엇인지 등에 대해서는 언급이 없다. 단순히 제도만을 펼쳐놓았다. 이는 특정 교과서에 한정된 것이 아니라 모든 교과서에서 공통된다. 이렇게 사실만을 나열하는 교과서에서 학생이 택할 수 있는 학습방법은 암기 외에 무엇이 있겠는가. 지금과는 전혀 다른 낯선 조직 명

칭과 관직명들이다. 이들을 모두 외워야 한다면 그것은 커다란 학습의 짐이 될 수밖에 없다. 역사교육이 뭔가? 역사라는 사실과 교육적 가치가 결합된 것 아닌가. 그럼에도 교육적 가치가 명확하지 않은 상태에서 많은 내용을 단지 외워야만 한다면, 학생들이 어려워하는 것은 당연하다.

과거와 현재 사이에 생기는 시간적 괴리감 때문에 역사교육이 어려워지는 것은 부득이한 면이 있다. 시간의 속성상 과거와 현재는 함께 할 수 없고, 지나간 역사를 지금 재연할 수도 없다. 그렇다고 전적으로 체념할 일은 아니다. 교육적 노력으로 어느 정도 극복할 수 있다고 본다. 뇌과학에 따르면 인간의 뇌는 우리 몸 전체 무게의 2% 정도에 불과하다고 한다. 그러나 우리 몸이 소비하는 에너지의 20% 정도를 뇌가 소비한다고 알려졌다. 그래서 '에너지 먹보'라는 별명이 붙었다고 한다. 따라서 뇌는 에너지 소비를 최소화하기 위해 익숙한 방식으로 일을 처리한다는 것이다. 새로운 것을 마주할 때, 특히 에너지 소비가 증대하기 때문에 뇌는 변화를 싫어하는 것이다. 예를 들어 낯선 환경, 처음 보는 것, 처음 가는 길에서 우리의 뇌는 긴장하게 되고, 평소보다 에너지를 더 많이 소비하는 것이다.

이런 뇌의 특성을 역사교육에 활용해보는 것이다. 시간적으로 멀고 그래서 낯선 과거의 사실을 배울 때 현실의 익숙한 것과 연결시켜 이해하는 것이다. 즉 과거와 현재 사이에 '관계 맺기'를 시도하는 것이다. 여기서 관계의 중심에는 사람이 있다는 점을 주목해야 한다. 사람을 중심으로 그들이 겪어온 과거의 삶을 현재를 사는 우리의 삶과 비교해서 살펴보면 이해에 도움이 되리라고 본다.

예로부터 기존 제도가 제 기능을 다하지 못하거나 시대적 변화를 따라가지 못할 때 변화에 대한 요구가 생겨난다. 이 변화 요구에 사회가 부응하여 낡은 제도를 개혁하면 그 사회는 한 발 더 발전을 하는 것이고, 반대로 변화를 거부하고 구제도에 안주하려는 사회는 위기나 파국을 맞게 되었다. 동서고금을 막론하고 사회적 위기는 대체로 지배층의 타락에서 비롯되는 경우가 가장 많다. 예를 들면, 권력을 악용해서 사리사욕을 채우려는 지배층은 늘 사회적 위기나 파국을 야기하는 주범들이었다.

조선시대 개인들 간의 돈놀이, 즉 사채私債는 '일본일리' 一本一利를 원칙으로 하였다. 일본일리란 채무기간이 아무리 길어도 이자는 원금을 초과할 수 없도록 한 규정이다. 즉 최고 이자율을 100%로 한 것이다. 상당한 고리高利임에도 불구하고 이 원칙은 고려시대에서 조선시대까지 유지되어 왔다. 그러나 이는 법정 이자일 뿐, 일상에서는 이를 훨씬 넘는 고리사채高利私債가 널리 퍼져 있었다. 특히 곡물이 화폐처럼 사용되던 시절이라 봄과 가을의 곡물가격 차이를 이용한 악덕 고리대업자가 성행하였다. 봄에는 곡식이 귀해 값이 오르기 마련이고, 가을 추수기에는 반대로 곡물 가격은 내려간다. 고리대업자들은 이런 가격 차이를 교묘히 이용하여 이자를 포함 300~400%를 강제로 빼앗는 것이다.

구체적인 실례를 보면, 서민들은 춘궁기春窮期에 쌀 한 섬石을 빌려 끼니를 해결한다. 이자를 100%라고 할 경우, 가을에는 이자와 더불어 쌀 두 섬을 갚아야 한다. 쌀을 빌려 이자까지 쌀로 갚는 방식이다. 그러나 대개 봄철 쌀 가격은 추수철인 가을보다 2배 이상이 비쌌다. 악덕 사채업자는 봄에 돈으로 계산해서 쌀을 빌려준다. 쌀 한 섬에 10냥이라고 하면, 봄에 10냥 값의 쌀 한 섬을 빌리면 가을에는 원금 10냥과 이자 10냥을 갚되 쌀로 바꿔서 갚아야 하는 것이다. 말한 대로 가을이 되면 풍족해진 쌀이 한 섬에 5냥이 된다. 하지만 갚아야 할 원리금은 20냥이 되고 20냥을 쌀로 바꿔서 갚으면 4섬이 된다. 봄의 한 섬 쌀이 가을에 4섬이 된 것이다.

이런 악덕 고리대업자가 서민일리는 없다. 부유한 계층일 것이고, 이는 곧 양반 계층일 것이다. 당시 기록에 보면 양반층, 관료계층, 지방관리층이 고리대를 통해 많은 이득을 취했던 것으로 나타난다. 다산 정약용은 『목민심서』에서 중앙이나 지방 관리들이 나랏돈을 횡령하여 고리대의 밑천으로 삼고 있는 현실을 통탄하고 있다.

중국 역사에도 관리의 부정부패가 사회를 어지럽히는 경우는 흔했다. 서기 185년 낙양洛陽의 황궁에 큰 불이 났다. 궁을 다시 짓기 위해 돈이 필요하게 되자, 환관이 꾀를 냈다. 임지로 떠나는 관리에게 돈을 받자는 것이었다. 어차피 현지에서 뒷돈을 챙길 테니 그 일부를 미리 거두자는 속셈이었다. 관리의 부정부패 정도가 어느 정도인지 알 수 있다.

명明을 세운 주원장朱元璋은 부패를 뿌리 뽑고자 했다. 탐관오리는 모두 극형에 처하겠노라 선언한다. 그러나 이런 엄포에도 관리의 부패는 계속되자 그는 "아침에 하나를 죽이니, 저녁에 또 생기는구나"

라며 탄식을 했다고 한다.

이런 지배관리들의 부정부패는 옛 이야기만은 아니다. 급속한 경제성장을 누리던 중국이 당면한 시급한 과제가 공산당원들의 부정과 부패다. 서양이나 중동이나 공직자의 횡령이나 권력 남용은 일상이 돼버렸다. 우리 사회도 예외는 아니지 않은가.

이렇게 과거와 현재를 서로 연결 지으면서 당시 사람들은 이런 권력남용과 부정부패를 어떻게 인식하고 대처했으며, 그 결과와 효과 및 의미는 무엇이었는지에 대해서 지금과 비교해본다면 정확한 사실을 파악하는 데 큰 도움이 될 것이다. 오로지 과거의 사실 자체를 이해하는 데만 도움이 되는 것은 아니다. 지금도 겪고 있는 비슷한 사회적 병폐를 극복하기 위해 어떤 지혜가 필요한지에 대해서도 시사점을 얻을 수 있을 것이다. 거듭 강조하건대, 과거와 현재를 서로 비교하면서 관련성을 찾아가고, 이를 중심으로 역사를 설명하고 이해하는 역사교육이 절실하다.

오래된 악기로
새 음악을

한강변에 가보면 자전거 타는 사람들이 줄을 잇는다. 곳곳에서 산악자전거를 즐기는 마니아도 제법 많다. 전국을 자전거로 일주하는 모습도 흔한 풍경이다. 주말뿐이 아니라 평일에도 이런 모습을 자주 볼 수 있다. 사람들은 왜 자전거 안장에 오르는 걸까? 불편할 수도 있는 복장을 하고 힘에 부쳐 땀을 뚝뚝 흘리면서도 왜 페달을 구르고 있는 것인가? 사이클 선수가 되기 위해서 연습하고 있는 것인가? 경륜 대회에 참가하려는 것인가? 아닐 것이다. 극히 일부는 혹시 그럴지 모르지만 아마 대부분 자전거를 즐기는 사람은 그런 이유 때문이 아닐 것이다. 그들은 건강과 여가를 즐기기 위해 자전거를 타고 있을 것이다. 운동이 주는 신체적 개운함과 상쾌한 바람이 부딪쳐 오는 느낌 때문에 오늘도 한강에는 많은 사람들이 자전거 위에 있다.

학교에서 실시되고 있는 체육수업도 마찬가지다. 박지성이나 양학선 또는 김연아와 같은 스포츠 선수를 양성하기 위해서 학생들이 운동장에 모여 체육활동을 하는 것이 아니다. 고액 연봉의 스포츠 스타를 꿈꾸고 학교 운동장을 달리는 학생이 몇이나 되겠는가. 체육수업은 심신의 단련뿐 아니라 페어플레이 정신, 협동정신, 준법정신, 약자에 대한 배려, 책임감 등도 함께 배우는 인성교육의 중요한 부분을 차지한다. 운동 종목에 대한 기술 습득이 아닌 일상적인 삶에 필요한 태도를 익히는 데에 교육적 의미를 두고 있기 때문에 예로부터 지덕체智德體라 하여 지성과 인성과 더불어 체육을 교육의 기본이라 했던 것이다.

문화예술교육의 궁극적 목표도 단순한 기능 연마가 아니다. 조수미, 정명훈, 백건우와 같은 천재적인 음악가를 길러내는 것에 국한되지 않는다. 교육의 과정 속에서 대화와 협업을 통해 함께함의 가치를 배우고, 나아가 타인과 공감하는 능력을 키우는 데 그 교육적 목표가 있다. 우리의 감각 중 비교적 일찍 발달하는 게 청각이다. 18주가 되면 듣기 시작하고, 24주면 적극적인 청취가 가능해진다. 어렸을 때 음악을 많이 들려주면 '지혜의 뇌'라고 불리는 우뇌를 자극하여 정서와 감정 발달에 큰 도움이 되는 것으로 알려져 있다. 태교음악이 강조되는 이유도 이 때문이다. 이후 11세 무렵이 되면 음악에 본격적으로 관심을 갖기 시작하는데 10대에게 음악은 그들의 젊음의 에너지를 표출할 수 있게 해주는 중요한 돌파구이며, 자신들이 듣는 음악과 심리적·정서적으로 매우 쉽게 동화되면서 자신의 정체성을 형성해간다. 따라서 10대에게 음악교육은 자신과 주변을 이해하는 주요한 역할을 담당한다. 결국 음악은 지식 중심 교과목이 아니고, 지식과 기능을 바탕으로 하는 정서와 정신의 교과목이라는 점에서 피아니스트 손열음이 '음악도 다른 한 갈래의 인문학'이라고 주장하는 것도 새겨들을 필요가 있다.

1975년 베네수엘라에서 '엘 시스테마' El Sistema라는 음악교육 프로그램이 시작되었다. 영어로는 하나의 시스템, 하나의 네트워크라는 뜻이다. 마약과 폭력 등에 노출된 빈민가 아이들에게 음악을 가르쳐 책임감과 꿈을 길러주는 프로젝트다. 엘 시스테마의 목적은 음악 인재를 양성하는 것이 아니다. 음악을 통해 협동심과 이해심을 배우고, 공동체의 가치와 사회적 가치를 깨달을 수 있도록 도와주는 것이다. 청소년 오케스트라 엘 시스테마는 문화예술교육을 통해 개인과 공동체, 사회가 변화한 기적의 사례로 꼽힐 뿐만 아니라, 인성교육으로서 문화예술교육이 어떠해야 하는지를 보여주는 좋은 본보기이기도 하다.

역사교육은 어떠한가? 그동안 역사교육은 전지적全知的 입장에서 가르치려고만 했다. 사실을 쉼표 없이 나열하고, 그에 대한 정서적 반응까지도 강요했다. '이런 사실史實에는 이러한 느낌을 가져야 한다'는 식으로 '형용사'를 앞세워 감정까지도 가르치려했다. 무수한 도돌이표와 마침표만 있고, 역사에 대한 학습자의 느낌표는 없다.

어쩌겠는가? 외울 수밖에. 역사 서술을 교육적으로 유익한 것으로 만드는 철학적 기반이 너무 빈약하다. 오직 역사가들이 하는 형식을 그대로 일선 학교에서 답습해왔을 뿐이다.

역사적 사실들이 수북하게 쌓여 있는 역사책을 찾는 이유가 역사학자가 되기 위해서라고 보는가? 퀴즈대회에 나가 우승하기 위해 배우는 것도 아니다. 그것은 극히 예외일 뿐이다. 역사를 배우는 것은 립싱크와 다르다. 과거를 '있는 그대로' 기억해 두었다가 퀴즈쇼에서처럼 필요할 때 그대로 뽑아내는 흉내쟁이, 따라쟁이를 키우는 것이 결코 아니다. 역사적 사건, 연도, 사람 등 많은 역사적 사실들을 암기한다고 해서 역사를 제대로 배웠다고 할 수는 없다. 그림의 제목과 화가 이름을 정확하게 기억하는 것이 피카소 그림을 제대로 감상한 것이라고 할 수 없듯이 말이다. 헤겔이 말한 '천재적인 원숭이'가 되기 위해 무거운 역사책을 들고 다니는 것이 아니기 때문이다. 많은 과거들을 외우고 되뇌는 앵무새 학습을 위해 우리가 역사책을 찾지는 않는다.

역사의 개별적 사실들은 일종의 벽돌과 같다. 집을 지을 때 벽돌은 없어서는 안 된다. 하지만 집이 완성되면 벽돌 보다 사람이 사는 집 그 자체가 중요하다. 건축은 사람이 사는 공간이다. 벽돌 자체를 위해 혹은 아름다운 조형물을 소유하고 싶어 집을 짓지는 않는다. 사람을 위한, 삶을 위한 집이 되어야 한다. 역사를 배우는 목적이 역사적 사실 그 자체를 단순히 기억하는 데 있는 것이 아니다. 옛말에 "나무는 꽃을 버려야 열매를 맺을 수 있고, 강물은 강을 떠나야 바다에 이를 수 있다"고 했다. 역사교육의 궁극적 목적은 배우는 사람 자신의 삶에 도움이 될 만한 지식과 지혜를 습득해서 바람직한 가치관과 삶의 태도를 찾고, 이를 실천하려는 데 있다. 역사교육에서 역사 자체가 궁극적 가치만을 갖는 것은 아니다. 역사책이 봉사해야 할 곳은 역사학이 아니라, 전적으로 독자 자신에게 있을 뿐이다.

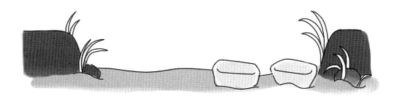

시냇가를 건너려 하려는데 발을 딛고 건너갈 수 있는 돌은 단 두 개뿐인 상황을 떠올려보자. 돌 하나를 딛고 넘어서면 다음 돌이 있다. 하지만 돌이 두 개 뿐이라 계속 건너려면 뒤에 있던 돌을 들어서 앞에다 옮겨 놓아야 한다. 그러면 한 발을 더 내디딜 수 있다. 이런 식으로 계속 뒤에 있는 돌을 앞으로 옮겨야만 물을 건널 수 있다. 역사도 이렇듯 앞을 위한 길을 만들어줄 수 있어야 비로소 역사교육적 가치를 갖는 과거가 되는 것이다. 꼿꼿하게 옛 시간에 머물러만 있다면, 그래서 우리의 미래를 위한 징검다리가 될 수 없다면 그것은 사실史實로서는 중요할지언정 역사교육적으로는 가치를 높게 평가할 수 없다.

오래된 옛 악기라고 모두 지나간 음악만 연주하는 것은 아니다. 지난 과거를 배우는 것도 중요한 과거를 잊지 않고 간직하는 것으로 만족할 수는 없다. 미래를 준비하는 것이 진정한 역사공부이기 때문이다. 과거의 불행한 사건을 되풀이하는 우를 범하지 않기 위해서, 즉 과거로부터 교훈을 얻기 위해서 역사를 곁에 두는 것이다. '역사는 아무것도 가르쳐 주지 않는다. 다만 역사로부터 교훈을 얻지 못하는 자들을 처벌할 뿐' 이라는 말처럼 과거의 경험을 타산지석으로 삼아 미래를 만들어 가기 위해 역사책을 손에 들고 있는 것이다. 미래는 예측의 대상이 아니라 스스로 만들어 가는 것이므로, 어제의 역사 그 자체를 배우기보다 성찰과 반성의 기회를 마련하고, 이를 토대로 내일을 바람직하게 살아가기 위한 방향과 방법을 터득하는 것이 역사교육의 목적이다.

식물에 물을 주면 서서히 물의 흔적은 사라진다. 하지만 식물은 자란다. 옛것을 거름삼아 새로운 것을 키워나가는 것이 역사공부의 참모습이다. 따라서 우리는 '역사' 를 배우기보다 '역사에서' 미래를 배워야 하는 것이다. '옛것을 익혀 새로운 것을 안다' 는 온고지신溫故知新과 이를 기반으로 새로운 것도 이끌어 낼 수 있는 법고창신法古創新이 바로 역사를 배우는 진정한 목적이라고 하겠다.

따라서 역사에 대한 관심은 시간적으로 지난 과거만으로 국한되어서는 안 된다. 러시아 작가 알렉산드르 솔제니친은 『수용소 군도』에서 "과거에 집착하는 이는 한쪽 눈을 잃는다. 과거를 잊는 자는 양쪽 눈을 잃는다" 고 했다. 과거를 뺀 역사공부가 어찌 가능하겠는가. 하지만 그렇다고 과거에만 시선을 고정해서도 안 된다. 역사공부는 과거를 지나 '지금 이곳' 의 현재는 물론이고 다가올 미래의 시간까지 손을 잡고 가는 기나긴 마음의 여행이다.

앞뒤 두 얼굴을 지니고 있는 '야누스의 얼굴'은 보통 '위선적인'이라는 뜻으로 통용된다. 하지만 앞 얼굴은 미래를 내다보고 뒤 얼굴은 과거를 돌아본다는 의미도 지니고 있다. 한편 로마인들은 야누스의 두 얼굴을 시작과 끝을 상징하는 의미로도 받아들였다. 1월에 야누스의 이름을 붙인 것도 묵은해와 새해의 접점이라는 뜻이다. 역사공부에서 우리는 결국 과거와 미래라는 역사의 야누스적 두 얼굴을 모두 살펴야 삶을 위한 올바른 역사 배우기가 가능해진다.

제3부 역사力史

상선약수上善若水라고 했다. 최고의 선善은 물과 같다는 말이다. 물은 아래로 흐른다. 흐름을 막는 돌이 있으면 물은 이를 돌아서 다시 아래를 향해 내려간다. 역사의 흐름도 물과 비슷하여 아래로 아래로 흐른다. 역사약수歷史若水라고나 할까. 역사의 물결이 아래로 흘러 도달하는 곳에는 '인간'이 있다. 수많은 걸림돌이 있었음에도 역사는 넘고 돌아서 사람의 곁을 다시 찾아와 그 곁을 지켜왔다. 인간을 홀로 내버려두지 않았던 까닭에 인간 삶의 하나하나에 역사의 물감이 묻지 않은 곳이 없다. 삶이 곧 역사가 되었고, 역사가 바로 인간의 삶이 되었으니, 생生과 사史가 하나인 셈이다生史不二. 이제 역사에서 사람이 중심이 되고, 역사교육이 인간의 참다운 삶에 대해 고민할 때 힘 있는 역사力史가 되어 인간의 삶을 소독하고 미래를 건강하게 해줄 것이다.

단순한 것이
최고다

다음 그림은 무슨 동물일까요? 돼지다. 소가 아니고, 사자도 아니고 틀림없는 돼지다. 이 그림이 돼지를 그린 것이라 알아보는 데 어렵지 않다. 한눈에 알아볼 수

있다. 어린아이도 정확하게 돼지라고 할 것이다. 어떻게 가능할까? 얼굴만 남겨도 돼지다. 무엇보다 코가 영락없는 돼지코다. 다른 부분은 몰라도 코를 보고 돼지임을 확신할 수 있다. 이처럼 사물의 두드러진 특징을 강조해서 표현한 그림을 캐리커처caricature라고 한다. '개성'

이나 '독창성' 을 중시하는 그림이다. 부분적인 특징을 통해 실체를 알아가는 데 결정적인 단서를 포착한다.

캐리커처처럼 누구나 쉽게 알아볼 수 있는 특징을 통해 말하고자 하는 의도를 파악할 수 있는 또 다른 기호도 있다. 소위 말하는 픽토그램Pictogram이다. '그림' Picture과 '전보' Telegram의 합성어로써, 글로 전달하는 것보다 훨씬 간단하고 문맹자나 외국인도 이해하기 쉬워 널리 사용되고 있다. 픽토그램에서 익숙함이란 누구나 알아볼 수 있을 정도로 쉽게 표현해

낸다는 의미일 것이다. 마치 치마를 즐겨 입는 여성의 특성을 입구에 표시해서 여성용 화장실임을 알리는 것처럼 말이다. 결국 캐리커처나 픽토그램을 그릴 때 사람들은 핵심적인 특징을 먼저 찾아내서 그 대상이나 메시지를 '쉽고 정확하게 전하는 것' 에 초점을 맞춘다.

복잡한 설명보다는 간단한 설명을 더 선호하는 것은 인간습성이다. 사자성어나 속담이 애용되는 이유도 바로 거기에 있다. 즉 간결하면서도 의미를 압축적으로 표현할 수 있기 때문이다. 압축적 표현이란 곧 '정곡을 찌르다' 라는 말이고, 핵심을 '단순화' 시킨다는 뜻이 된다. '중심부로 들어가라' 는 것이다. 우리가 한 그루의 나무를 제대로 이해하기 위해선, 나뭇가지와 나뭇잎보다는 그 뿌리를 보아야 하듯이 말이다.

뱀을 잡을 때 머리를 잡지 않고 허리나 꼬리를 쥐면 어찌 되나.

도리어 뱀에게 물리고 만다. 한의학에서는 인간의 건강을 '맥'을 집어 확인하고, 경락과 경혈을 다스려 치료한다. 이때 '맥'이 바로 핵심이자 중심이자 본질이다. 이 맥을 잡는 것이 바로 '단순화'라고 하겠다. '단순한 것이 최고다simple is best.'

역사도 단순화해서 공부하라! 역사는 많은 이야기가 서로 복잡하게 꼬이고 얽혀 있어서 그 골자骨子를 잡기가 어렵다. 그러나 아리스토텔레스의 말대로 "현상은 복잡하지만 본질은 단순"하고, 본질은 바로 그 현상 뒤에 있다. 현상의 울타리에 가려 우리가 본질을 쉽게 보질 못할 뿐이다. 지상의 나무에는 사계절이 있어도 땅속 뿌리에는 사계절이 없다. 따라서 역사 현상들의 감춰진 뿌리를 먼저 찾아보아야 한다.

그러자면 우선 '직선적 사고'가 필요하다. 직선적 사고란 대상을 직시하고 그 본질에 접근하려는 사고활동이다. 주主와 부副, 으뜸과 버금을 구분하여 주主와 으뜸, 즉 가장 본질적인 것에 직접 대면하고자 직관적Straight이고, 단순Simple하고, 명쾌Clear하게 사물을 사고하는 활동을 뜻한다.

우리 전통 음식문화를 예로 한번 보자. 한국 음식문화의 가장 본질적 특징은 '먹는 것이 곧 약藥이다'라는 식약동원食藥同原으로 압축해서 표현할 수 있다. 우리네 전통 음식의 재료는 모두가 자연에서 얻는 것이고, 이는 대부분 약재藥材로도 쓰이고 있다. 각종 나물들은 약초로도 낳이 쓰인다. 음식이름에서도 그 특징을 읽을 수 있다. 물은 '약수' 藥水다. '약藥밥' 혹은 '약식' 藥食, '약과' 藥果, 술도 그냥 술이 아니라 '약주' 藥酒다. 음식 이름에 한결같이 '약' 藥자가 들어가 있다. 음식 맛을 더하기 위해서 넣는 '양념' 도 '약념' 藥念에서 비롯된 것이다. 건강을 고려해서 부족한 영양분을 보충하고자 '약' 藥처럼 넣어 먹는다고 생각念했기 때문에 이름을 약념藥念이라고 지었던 것이다. 이 약념이 후에 양념으로 바뀐 것이다. 이렇듯 우리는 예로부터 음식을 단순한 '먹거리' 가 아니라 '약' 처럼 생각하고 먹었던 것이다. 결론적으로 한국에서는 '먹는 게 약이다.'

미국의 한 작가가 말한 것처럼 '사과 속에 든 씨앗은 셀 수 있지만, 씨앗 속에 든 사과는 셀 수가 없다.' 하나의 씨앗은 많은 열매를 맺을 수 있는 생명력을 지니고 있다. 꼬일 대로 꼬인 실뭉치가 어느 한 가닥이 풀리면서 전체 엉킨 것이 술술 풀리는 경우처럼, 역사도 본질을 먼저 파악한 후 다양한 사실들을 접하면 많은 부분이 쉽게 이해될 수 있다. 동심원처럼 확산되는 특징이 있다. 본질에서 출발하면 '하나를 가르치면 열을 알 수' 있듯이 중심으로부터 사방으로 뻗어나가는 방사사고放射思考(Radiant Thinking)가 가능하다.

다시 한국 전통음식 이야기다. 앞서 우리 전통 음식은 자연에서 얻은 것으로 건강을 위한 '약' 으로 간주했다고 설명했다. 자연은 그 자체로 조화롭다. 스스로 부족한 것을 채우고 넘치는 것은 스스로 줄여가는 것이 자연이다. 그런 이유 때문에 자연은 조화調和를 상징한다. 그에 따라 자연을 토대로 한 우리 전통 음식도 조화를 강조한다. 우리는 이를 '음식궁합' 이라고 말한다. 닭과 삼蔘, 고기와 면麵, 돼지고기와 새우젓 등등.

한국의 밥상을 보자. 기본적으로 국, 밥, 반찬 그리고 옛 어른들 밥상에는 반주가 곁들여 있었다. 한 끼 밥상에는 춘하추동 4계절의 조화가 담겨 있다. 봄은 따스하고, 여름은 뜨겁고, 가을은 서늘하며 겨울은 차갑다. 이런 계절적 특징이 밥상에 반영되어 '밥은 봄같이, 국은 여름같이, 장은 가을같이, 술은 겨울처럼' 먹을 것을 권한다. 쉽게 짐작하듯이 밥은 따뜻하게, 국은 뜨겁게, 고추장·간장·된장으로 만드는 밑반찬 등은 서늘하게 먹고 술은 차게 해서 마시라는 것이다. 이렇게 먹는 것이 정상적인 한 끼 식사 대접을 받은 것으로 여기다 보니, 찬밥신세'라 하면 제대로 대접받지 못한 것을 의미하게 되었다. 국은 여름에도 '이열치열'이라 하여 땀을 뻘뻘 흘리면서도 펄펄 끓여 먹는다. 식으면 다시 데워서 먹는다. 나물 반찬 등은 대개 서늘하게 먹는 것이 일반적이고, 미지근한 맥주나 소주 혹은 막걸리를 마시면 '캬~아' 소리가 나오질 않는다. 술을 차게 보관하는 술냉장고가 한국의 명물이 된 것도 이러한 전통에서 비롯된 것이다.

음식을 자연에 맞춰 먹는 전통에서 나온 또 하나의 생활 모습을 볼 수가 있다. 한국에서는 '제철음식'이 상당히 발달했다. 옛사람들은 '계절에 따라서 병이 오고, 계절에 따라서 치료제가 온다'고 생각했기 때문에, 제철음식을 '치료약'이자 '예방약'으로 간주했다. 따라서 '계절에 따른 음식을 먹으면 병도 치료된다'고 믿게 되면서 제철음식이 특히 많이 발달했다. 한국음식이 자연과 밀접하게 연관되어 있음을 다시 확인할 수 있다. 자연산을 특히 선호하고, 천일염을 애호하며, 공장에서 만든 고추장이나 된장보다 자연발효를 통해 만든 '어머니표' 장들에 손이 먼저 가는, 이 모든 것은 바로 자연과 하나였던 전통 음식문화의 본질을 보여주는 다양한 사례들이다.

이처럼 작은 것이 큰 걸 말해주는 경우가 많다. '오동잎 하나 지는 걸 보고 가을이 왔음을 알 수 있다'梧桐一葉고 했다. 간단하면서도 쉬운 것부터 시작하고, 어렵고 복잡한 것은 그 다음에 보면 된다先易後難. 뿌리부터 찾고 그런 후에 그 뿌리에 물을 주어서釋根灌枝 많은 열매를 맺을 수 있도록 단계적으로, 점진적으로, 천천히 하자. 지식은 복잡할수록 그럴 듯하게 보이지만, 지혜는 단순할수록 강력하다고 하지 않던가.

비교해서
모아라

우리는 어떤 대상을 다른 것과 견주어 보면서 서로 간의 관계를 살필 때가 많다. 이른바 비교比較다. 비교를 하는 가장 큰 이유는 대상 간에 존재하는 공통점과 차이점을 찾아보기 위함이다. 비교는 일상생활뿐만 아니라 학술적으로도 널리 사용되는 유용한 도구다.

비교의 방법comparative method에는 여러 가지가 있지만 그 가운데서도 영국 철학자 존 스튜어트 밀(1806~1873)이 개발한 방법이 역사교육적으로는 가장 의미 있어 보인다. 그는 두 가지 비교 방법을 제시했다. 첫 번째는 '아주 다른 사례들을 비교하는 방법'인데, 이것은 사례들이 서로 아주 상이하게 보이지만, 혹시 이들 사이에 공통점이 있는지를 알기 위해서 활용된다. '공통점이 있는지 없는지', 있다면

'어떤 점이 같은지' 그리고 '왜 그러한 공통점을 갖는지'를 살펴보기 위해 적용되는 비교 방법이다. 다른 하나는 반대로 '아주 비슷한 사례들을 비교하는 방법'이다. 사례들이 아주 비슷한 듯이 보이지만 이들 사이에 '서로 상이한 점은 없는지', '어떤 점에서' 그리고 '왜 그런 차이가 생긴 것인지'를 묻고 답하는 방법이다.

이러한 기본적인 질문들은 역사를 이해하는 데도 도움을 준다. 비교를 통해 유사한 공통점을 찾는 방법은 역사에서 사건과 사건 사이에 또는 시대와 시대 사이에 공통점을 발견함으로써 역사의 연속성 혹은 본질적 특성을 파악할 수 있는 장점을 제공한다. 아울러 유사한 듯 보이지만 현상 간에 존재하는 차이점을 이해하는 것은 사건의 개별성과 다양성 그리고 역사의 변화 모습을 살피는 데 도움을 준다.

역사교육적으로 보면 이 두 방법 중에서도 유사성을 찾는 비교 방식이 우선 관심을 끈다. 이유는 간단하다. 역사의 본질을 파악하는 데 더 적절하기 때문이다. 역사교육에서는 무엇보다 역사의 뼈대를 찾는 것이 선행되어야 한다고 했다. 본질에 대한 이해가 선행되고 이를 토대로 학습을 확장시켜가는 것이 학습에 효율적이다. 본질은 현상에 비해 지속적이다. 앞서 예에서도 보았듯이, 우리의 전통 음식 문화는 서구화와 근대화 속에서도 꾸준히 지속되어 왔다. 전통이란 오랜 세월동안 강한 생명력을 지탱해온 것으로 앞으로도 그만큼의 세월을 더 살고도 남을 것이다. 따라서 어떤 역사적 현상의 본질을 이해한다는 것은 우선 그 대상이 시간을 이겨내며 간직해온 것이 무엇인지를 알려는 것과 다름없다.

시대마다, 종교마다, 인종마다, 정치적 입장마다, 경제적 계층마다, 성별마다 ……, 차이는 무한정이다. 역사의 다양성은 무한정이다. 이런 것들을 역사교육에서 감당할 수 있을까. 아니 배우는 사람들이 이런 무거운 짐을 지려고 할까. 역사교과서는 그 어떤 사전보다도 두꺼워질 것이다. 모두가 개별적인 것이라 모래알갱이처럼 손에 잡히지도 않는다. 배우면 배울수록 서로 뒤엉킬 것이다. 도대체 이 모든 것을 배우는 목적은 무엇이며, 역사교육이 그래야 하는 것인가?

역사는 궁극적으로 삶에 대한 기록이다. 사람이 살아가는 모습은 각양각색이지만, 삶의 근본 양상은 크게 다르지 않다. 물과 얼음이 모습은 다르지만 그 본질은 같은 것처럼 역사도 다양한 모습으로 우리에게 나타나지만 그 한 가운데는 사람이 있다. 역사의 모든 것은 사람으로 수렴된다. 옛사람과 오늘날 우리가 얼마가 다른가. 의식주는 달라졌지만 삶에서 추구하는 것은 비슷하다. 이러한 삶의 실존적 본성을 먼저 보는 것이 순서다.

동학혁명은 실패했다고 한다. 맞다. 관군에 의해 처절하게 진압됐다. 그런데 동학혁명에서 민중들은 무엇을 외쳤는가. 양반과 상놈이라는 핏줄에 근거한 차별, 권력을 남용하는 지배자들의 가렴주구, 들으려 하지 않는 약자들의 비명소리. 이것이 어디 동학혁명이 일어날 때만의 일인가. 지금도 서울광장과 청계광장에 모인 사람들은 무엇을 말하고 있는지 보면서 동학혁명은 실패로 끝났다고 할 수 있는 건가. 그것은 결코 실패로 끝난 일회적이고 특수한, 조선후기의 사건이 아니다.

아리스토텔레스도 서로 이질적인 것에서 직관적으로 유사성을 찾아내는 능력을 강조했다. 교육이 또 뭔가. 배움은 쓸모가 있어야 하는 것이다. 쓸모가 있으려면 과거가 현재와 관계가 있어야 한다. 우리가 동학혁명을 배우는 이유는 오늘을 살고 있는 우리 모두에게, 다시 말해 권력자, 부유층, 서민층, 소수층, 약자층 모두에게 가르침을 주기 때문이다. 지금과 동학혁명 당시가 전혀 무관하고 전혀 다른 상황이라면 그것은 한낱 옛날이야기에 불과할 뿐이다. 그런 옛날이야기는 딱딱한 교실에서 듣거나 묵직한 역사책에서 읽을 필요가 없다. '녹두장군' 이야기는 할아버지 할머니의 무릎 위에 누워서 들어야 제맛이다.

비교를 통한 유사성 찾기는 통계학의 개념인 '데이터 마이닝'Data Mining과 비슷하다. 데이터 마이닝은 대규모 데이터에서 가치 있는 정보를 추출하는 것을 말한다. 즉, 데이터를 탐색하고 분석하여 두드러진 특성, 의미심장한 경향 혹은 규칙을 발견하고 이를 의사결정에 이용하는 기술이다. 역사교육에서도 개별적인 사실史實들을 상호 비교해서 유사성을 찾아내고, 이를 통합적으로 엮어서 이해하는 것은 학습 부담을 크게 덜어줄 뿐만 아니라 새롭게 만나게 되는 사건들을 이해하는 데도 전이효과가 클 것으로 기대된다. 전이란 앞서 배운 선행학습이 이어지는 후행학습에 미치는 영향이나 효과를 말하는데, 선행학습과 후행학습의 공통분모가 클수록 전이효과가 높아진다.

개별적 사실들에 내재되어 있는 공통적 특징은 그 대상들의 존재 근거이자 앎의 근거가 된다. 뿐만 아니라 이 공통된 특징은 개개의 사건들을 개념화, 범주화하는 데도 크게 도움을 줄 수 있다. 개념화는 유사성과 보편성을 기반으로 사실들을 언어적 관념으로 묶어주는 것을 가리키며, 범주화란 개별적인 개념이나 사건, 사물들을 어떤 목적을 위해 공통적인 속성을 중심으로 분류해서 체계화하는 것을 말한다.

'혁명'이란 개념을 예로 보자. 혁명은 기존 사회 체제를 근본적으로 변혁하려는 권력 교체 현상이다. 이제까지 '국가 권력을 장악했던 계층을 대신해서 피지배 계층이 그 권력을 비합법적인 방법으로 탈취하는 정치 행위'라고 정의할 수 있다. 혁명은 '기존 지배체제', '혁명세력', '이념(혁명의 목적)' 등 세 가지 요소로 나누어 설명할 수 있다. 구체적으로 유럽의 3대 시민혁명을 보자. 경제적으로 성장한 근대 시민계급이 과거 절대왕정의 봉건세력에 저항하여 민주주의를 일으켰던 사건이 시민혁명이다. 기존 지배체제는 봉건적 절대왕정이었고, 혁명세력은 경제적으로 성장한 근대 시민계급이었으며, 이들이 목표로 삼았던 것은 민주주의다. 혁명의 3대 요소란 측면에서 볼 때 영국혁명, 미국혁명 그리고 프랑스혁명은 모두 '시민혁명'이라는 범주로 묶어서 설명할 수 있으며, 개념과 범주로 체계화시켜 설명하게 되면 혁명을 다양하게 연계하면서 일목요연하게 엮어서 이해할 수 있다.

이처럼 비교해서 공통점을 찾고, 이를 개념화하고 범주화하는 모든 활동은 수많은 사건들을 분류하고 체계화하여 통합적으로 이해하는 데 도움이 될 뿐만 아니라 이를 배경지식으로 새로운 사실들을 논리적으로 추론하며 이해할 수 있는 유추 능력을 키우는 데도 활용할 수 있다.

유럽 시민혁명을 시작으로 해서 지금까지 200여 년에 걸친 민주화의 역사를 돌이켜보면 시기에 따라 공간적 차이는 있었지만 상당히 유사한 지속성을 지니고 있다. 혹자는 전통적 절대왕권이 공화국과 입헌군주제로 대치하게 되는 미국의 독립과 유럽의 변혁을 '민주화 제1의 물결', 2차 세계대전의 종료로 패전국이 된 독일·이탈리아·일본의 민주화와 인도를 비롯한 식민지들이 민주국가로 탄생하는 과정을 '민주화 제2의 물결', 냉전 시기에 유행하던 권위주의 체제가 1975년 스페인을 기점으로 민주체제로 전환하는 흐름을 '민주화 제3의 물결'이라고 말한다. 그리고 이런 맥락에서 이른바 '아랍의 봄'을 '민주화 제4의 물결'로 명명하는 것도 일리가 있다. 권위적인 구체제에 저항하여 민주적 질서를 세우려는 일관된 방향성이 지속되고 있는 것이다. 따라서 유럽과 아시아 및 중동 지역에서 개별적으로 일어난 사건들이지만 모두 시민에 의한 '민주화' 운동이라는 범주로 이해할 수 있다. 이 모든 사건들을 서로 별개의 것으로 이해한다고 해보자. 너무 많다. 너무 어렵다. 굴비 엮듯이 개념과 범주를 정해 묶어서 보면 많은 것이 아니다. 그리 어렵지도 않다. 다 살펴보지 않아도 흐름을 가늠할 수 있다. 비교해서 공통분모를 넓혀라.

사색하지 않으면 배움은 쓸모가 없다

맹자는 눈과 귀만으로 하는 공부를 경계하라고 했다. 그 까닭은 귀와 눈은 생각하지 않고 단순히 '보이는 대로' '들리는 대로' 받아들이기 때문이라 했다. 그의 말을 직접 들어보자. "귀와 눈은 생각할 줄 모르기 때문에 사물에 가려진다. 그래서 눈과 귀는 사물과 접촉하면 거기에 끌려갈 뿐이다. 반면 마음은 생각할 줄 알기 때문에, 생각하면 얻을 수 있고 생각하지 않으면 얻지 못하게 된다." 사물의 진정한 모습을 알고자 한다면 듣고 보는 것이 아니라 깊은 생각이 필요하다는 충고다.

주희도 같은 뜻을 밝힌 바 있다. 바로 독서삼도讀書三到다. 책을 읽음에 있어 눈으로 잘 보고目到, 소리 내어 잘 읽고口到, 마음으로 잘 이해할 것心到을 주문하면서, 이 가운데 마음으로 살피는 심도心到가 가장 핵심이라고 강조했다. 배움이란 단순히 읽고 익히는 것을 넘어 생각으로 이어져야 비로소 완성되는 것이다. 몸의 눈을 감고 마음의 눈心眼을 열어야 그때서야 진정한 배움이 보인다는 것이다.

하여 일방적으로 가르치는 방식은 교육적이지 못하다. 교사나 전문가가 하는 말을 마치 진실인 양 그대로 받아들이는 일방적인 주입식 교육은 바람직한 모습이 아니다. '오즈의 마법사 효과'는 교육에서 경계해야 한다. 오즈의 마법사 효과란 사람들은 부모, 윗사람, 선생님 또는 전문가 등 세상에는 우리보다 많이 알고 있는 사람들이 있으며, 그들의 말은 항상 옳기 때문에 당연히 받아들여야 한다는 고정관념에 사로잡히는 것을 말한다(데이비드 프리드먼, 『거짓말을 파는 스페셜리스트』). 아무런 생각도 필요 없다. 물어볼 것도 없다. 그냥 주는 대로 잘 받기만 하면 그만이다. 전형적인 암기식 교육이다. 그런 배움은 무의미하다. 공자가 이미 말했던 것처럼 '사색하지 않는 배움은 쓸모가 없다' 學而不思卽罔.

이러한 맹목적 주입식 교육을 옛 선현들은 강하게 거부했던 것이다. 깊은 뜻을 모르고 단지 읽기만 하는 도능독徒能讀에 불과하기 때문이다. 이것은 진정한 공부의 길이 아니다. 공부는 암기가 아닌 생각으로 완성된다고 본 것이다. 올바른 공부는 배우는 사람이 스스로 묻고 답을 찾아가는 과정을 통해 달성되는 것이기 때문에, 책을 읽는 것도 단순히 내용을 기억하는 것으로 끝낼 수 있는 것이 아니다. 독서 그 자체도 독자에게 생각하기 위한 재료를 주는 것이라 할 수 있다. 독서만 하고 읽은 것을 다시 생각하지 않는다면 독자의 내면에 뿌리를 내리지 못하고 결국에는 독서의 열매를 맺지 못할 수도 있다. 영국의 철학자 로크에 따르면 '독서는 지식의 재료를 공급하는 것일 뿐으로, 읽은 내용을 자신의 것으로 만드는 것은 어디까지나 사색의 힘'인 것이다.

배움을 음식에 비유한다면 사색하는 것은 그 음식을 소화하는 것이라 할 수 있다. 생각하지 않고 계속 읽기만 한다면 칠판에 쓰고 그 위에 또 써서 겹쳐진 글의 내용을 이해할 수 없는 것과 다를 바 없다. 생각 없이 쳐다만 보았던 칠판은 지우개로 지우면 남는 것, 기억되는 것이 없다. 인간의 뇌는 기억하고 싶거나 기억하려고 애쓰는 정보가 아니라 여러 번 생각한 정보를 기억에 저장하기 때문이다(대니얼 T 윌링햄, 『왜 학생들은 학교를 좋아하지 않을까?』).

'마음에 없다면 보아도 보이지 않고 들어도 들리지 않으며 음식을 먹어도 그 맛을 모른다'고 하였다. 읽기만 하고 생각하지 않는 것은 '음식을 씹지 않고 삼키는 것'과 같으며 '신발을 신은 채로 발을 긁는 것'이라고 했다. 사색 대신 검색으로 살아가는 오늘날 아이들에게 고개 숙여 읽게 할 것만이 아니라 고개 들어 생각할 수 있도록 유도할 필요가 있다. '하루의 반은 책을 읽고, 나머지 반은 생각하라'(반일독서 반일정서半日讀書 半日靜思)는 옛말을 실천해보자.

사색의 과정은 일종의 질문 과정이고 질문은 의심에서 시작된다. 의심이 없던 상태에서, 보고 들은 것에 대해 궁금증이 생기고 질문을 만들면서 의심 상태로 옮겨가고, 그 의심을 하나하나 풀어가는 각각의 행위가 생각의 과정이다. 그런 의심과 질문 그리고 답을 찾아가는 과정에서 사물의 핵심을 들여다보는 안목을 키울 수 있을 뿐만 아니라 지금까지와는 다른 관점에서 새롭게 바라보는 시야도 넓힐 수 있다. 오래 의심하고 깊이 생각하는 자세가 바로 배움의 요건이다.

본래 학문은 학學과 문問이 합쳐진 말이다. 배우고 질문하는 것, 그것이 학문이다. 배움과 질문의 관계에 대해 송나라 학자 육구연陸九淵(1139~1193)은 다음과 같이 말했다. "공부하는 사람은 의문을 품지 않는 것을 걱정해야 한다. 의문을 품으면 진보한다." 명나라 학자 왕수인王守仁(1472~1528)도 배움에 궁금한 것이 없을 수 없다면서 배움이란 곧 '즐겨 묻는 것' 好問이라고 했다. 조선 중기 학자인 류성룡柳成龍(1542~1607)도 배움에서 중요한 것은 '정밀히 사색하고 자세히 질문하는 것'이라고 강조하면서, 질문이 없다면 '책을 많이 읽는다한들 무슨 도움이 되겠느냐'고 되묻는다. 학문의 본질이 질문에 있음을 강조한 말들이다.

역사를 잘 배우려면 '절실하게 묻고 가까운 일상에서 구체적으로 생각하는 것'이 필요하다. 묻는다는 것은 단순히 의심한다는 것이 아니다. 물음을 통해 더 중심으로 다가가는 것이다. 앞서 말한 대로 역사의 진실은 '뒤에' 있는 경우가 많다. 역사는 겉모습이 아니라 드러나지 않는 의미를 읽어내는 것이 중요하다. 사람을 겉모습으로만 판단하지 않듯이, '묻지도 말고 따지지도 말고' 그냥 보이는 대로, 들리는 대로만 따라간다면, 과연 본모습을 알 수 있겠는가.

질문은 생각하는 힘을 길러준다. 지금 우리는 사색 대신 검색으로 살아가는 '생각하지 않는 사람들' 이 많아지는 세상에 살고 있다. 미국 대학 캠퍼스와 골프장의 나무는 공통점이 있다고 한다. 폭풍우가 불면 잘 넘어진다는 것이다. 매일매일 사람들이 물을 뿌려주니 뿌리가 깊이 자리 잡으려 애쓸 필요가 없기 때문이다. 이것이 소위 '스프링쿨러의 저주' 다. 요즘 세태를 꼬집어 '애들의 꿈마저 어른들이 대신 꿔준다' 는 말을 듣는다. 배움의 뿌리도 제대로 자리 잡지 못할 것이 뻔하다.

대개 역사교육에서는 정해진 답을 찾는 질문을 많이 한다. 주로 기억에 의존해서 정답과 오답이 명확한 질문을 제시하면서 기억을 재생하면 만족하는 경우가 많다. 질문은 이런 정확한 사실의 기억을 확인하기 위해서만 존재하는 것은 아니다. 질문은 학습자로 하여금 보다 정신을 집중하여 평소와 다른 방식으로 생각할 수 있는 기회를 제공할 수 있어야 바람직하다. 무언가를 가르치기보다 아는 것을 확인하고 그를 바탕으로 생각을 키우는 것이 질문의 목적이다. 따라서 질문을 '잘' 하는 것은 매우 중요하다.

질문을 잘 하기 위해서는 일단 과거 역사에 대한 흥미를 찾는 것부터 해야 할 것이다. 관심이 없으면 집중할 수 없고, 집중할 수 없으면 생각이 깃들일 여지가 없게 된다. 생각이 없으면 아무리 큰 눈이 있어도 보지 못한다. 관심을 갖고 집중하지 않으면 생각의 문은 열리지 않는 것이다.

오늘도 우리는 길 위에서 수많은 사람들을 보며 지나왔다. 하지만 그 사람 가운데 몇 사람이나 지금 기억하나. 대부분 기억에 남아 있지 않다. 무관심하다면, 코앞에 있는 사람조차 보이지 않는다. 보였지만 보지 못했고, 들렸지만 듣지 못했다. 앎의 귀머거리요, 앎의 맹인이 된 것이다. 집중해서 보고 듣는 견학見學이 단순히 들리니까 듣고 보이니까 보는 시청視聽과 다른 까닭이다. 우리는 박물관은 견학을 하지 시청한다고 하질 않는다. 반면 텔레비전은 견문하지 않고 시청을 할 뿐이다. 내가 보는 것과 보이니까 보는 것은 다르다. 내가 보는 것은 의지적·능동적 행위지만, 보이니까 보는 것은 눈에 비치기 때문에 보는 생물학적·수동적 시각 활동일 뿐이다. 결국 생각의 시작은 관심인 것이다.

관심을 끌기 위해 가깝고 쉬운 것부터 시작하는 것이다. 논어에 보면 '절문근사'切問近思란 말이 있다. 『논어』「자장子長편」에 나오는 말로, 절실하게 묻고 구체적으로 생각하라는 뜻이다. 바꾸어 말하면 자기 주변 일에서 시작하라는 것이다. 율곡 이이의 표현대로 '일상적 삶에서, 관계와 거래에서 처리하는 법'을 묻고 생각하라는 것이다. 명나라 학자 왕양명도 같은 의미에서 '사상마련'事上磨鍊을 강조한다. 즉, 실제 일상적 일을 하는 가운데 배움을 닦으라는 것이다. 거창하고 높은 것이 아니라 자고 일어나며 겪게 되는 소소한 것에서 질문을 찾고 생각하며 배우라는 것이다.

그래서 질문은 구체적이어야 한다. 구체적인 질문은 특정한 대상에 집중할 수 있는 장점이 있다. 역사는 과거의 일들이라서 가깝게 느껴지지 않는다. 따라서 질문을 구체적으로 하려면, 질문을 '지금, 이곳'에서 출발하는 것이 필요하다. 과거가 아니라 배우는 우리 시간에 맞추어 내 이야기로 시작하는 것이다. '전쟁'에 대해 공부한다면, 우선 이런 질문부터 하는 식이다 '어떨 때 화가 나는가?', '화가 어떻게 하면 풀리고, 어떤 경우에 다툼이 되는가?' 전쟁도 일종의 싸움이다. 크게 싸우는 것이 전쟁이다. 흔히 두 나라 간에 '전쟁을 한다'는 말과 두 나라가 '서로 싸운다'는 말은 같은 의미가 아니던가. 따라서 전쟁은 그 본질에 있어서 싸움과 비슷하다. 나를 무시했다, 내 것을 빼앗는다, 서로 의견이 매우 다르다 등등. 일상생활에서 사소한 다툼은 늘 있다. 바로 곁에 있고 누구나 겪는다. 여기서 출발해서 역사의 전쟁까지 이야기를 키워가는 것이다. '짧은' 개인의 에피소드로 '긴' 역사의 수다를 떨어보는 것이다.

질문은 무엇보다도 사실에서부터 시작해야 한다. 역사공부는 거짓이나 상상이 아닌 '일어난 일', '기록에 있는 일'을 바탕으로 한다. 따라서 질문의 출발은 정확한 사실에 대한 확인으로 시작하는 것이 바람직하다. 기억할 것은 기억하고 있어야 하기 때문이며, 이 기본적인 사실을 바탕으로 좀 더 발전된 질문을 유도할 수 있기 때문이다. 사실적 질문에는 보통 정답이 있다. 예를 들면 단군신화에서 '곰과 호랑이가 인간이 되기 위해서 먹었던 것은 쑥과 무엇이었나?'와 같은 물음이다. 이에 대한 대답은 '마늘'이다. 마늘이 정답이다. 마늘 이외에는 틀린 답이다. 따라서 사실적 질문은 맞고 틀림을 분명하게 구분할 수 있다.

두 번째 질문은 옳고 그름에 대해 판단하도록 이끄는 '평가적 질문'이다. 이 질문은 사실에 대한 기본적인 지식을 습득한 후에 그 사실과 관련된 인물의 행동이나 태도에 대해 평가해보는 질문이다. 예를 들면 '심청이가 인당수에 몸을 던진 것은 옳은 일인가?', '소크라테스가 '악법도 법이다' 라면서 독을 마신 것은 옳은 선택이었는가?' 라는 질문이다. 평가적 질문에서 주의할 점은 답이 너무 확정적인 질문은 삼가야 한다는 것이다. '신호등은 지켜야 할까, 아닐까?' 와 같은 결론이 뻔한 질문은 자제하는 것이 좋다. 아울러 질문을 받은 사람이 어떤 판단을 내리면 그런 결론을 내린 이유도 함께 물어보는 것도 필요하다. 예를 들면, 심청이의 선택이 잘못되었다고 판단한 사람이 '아무리 앞을 보는 것이 간절하다 해도 자식의 생명을 담보하는 것은 오히려 심봉사에게는 더 심한 고통을 줄 것이기 때문에 옳은 선택이 아니다' 는 식의 판단 근거를 설명하는 것이다. 자신의 판단에 대한 논리적 근거를 찾아보면서 좀 더 깊이 있게 생각할 수 있기 때문이다.

세 번째는 해석적 질문이다. '단군신화에서 호랑이가 인간되기를 포기한 이유는 무엇인가?', '왜 곰은 성공하고, 호랑이는 실패했을까?' 원인과 결과에 대해 나름대로 풀이를 해보는 것이다. 물론 그 답은 여러 개가 있을 수 있다. '100일 동안 동굴에 있기로 했는데 어떻게 21일 만에 인간이 될 수 있었는가?', '곰은 왜 남자가 아니고 여자로 태어났을까?' 등 다양한 질문이 가능하다.

마지막으로는 사색적 질문이다. 이 질문은 알고 있는 역사를 바탕으로 자유롭게 상상하도록 유도하는 질문이다. '단군신화에서 호랑이가 다시 한 번 인간이 되기를 원한다면 쑥과 마늘을 먹는 대신에 어떤 방법이 있을 수 있을까?', '심청이가 인당수에 몸을 던지지 않았다면 결과는 어떻게 되었을까?' 라는 질문이다. 이 질문에 대한 대답도 정해진 바가 없다. 대답에 대한 역사적 근거도 전혀 없다. 단지 인물, 사건, 배경, 상황 등을 다른 각도로 상상해 보는 것이다. 다른 선택 가능성이 있음을 확인하고 자신의 선택은 무엇이며, 그것을 과거 인물의 선택과 서로 비교해보면서 문제해결 능력을 넓히는 데 의미가 있다.

해석적 질문의 또 한 가지는 역사적 교훈과 시사점 등을 묻는 것이다. 예를 들면, 호랑이와 곰에게는 같은 조건의 시련이 주어졌다. 마늘 20개와 쑥 한 줌을 먹고 100일 동안 해를 보지 말고 근신하라는 것이었다. 호랑이는 인내심 부족으로 견디지 못하고 인간으로 변하는 데 실패했다. 그러나 곰은 신이 시키는 대로 참아냈으므로 인간으로 변할 수 있었다. 용맹스럽고 영리한 호랑이보다는 미련하고 우직한 곰이 성공했다. 이에 대한 기존의 의미를 보면, '영리하고 참지 못하는 경솔보다는 게으르고 우직할망정 신의 가르침에 순종하고 인내심이 강하고 정직한 자가 마지막 승리를 거두게 된다' 는 역사적 교훈을 주었다는 것이다.

이러한 일련의 질문 과정을 통해 역사를 스스로 생각하면서 배울 수 있다. 암기가 아닌 사색의 결과로 역사를 기억하는 것이다. 역사의 질문은 사실적 물음에서 점차 사색적 방향으로 동심원적으로 확대하는 것이다. 역사공부는 생각공부다力思. '생각하고 또 생각하면 귀신과 통해서 알게 된다' 思之思之鬼神通知고 하지 않던가. 스스로 생각하는 기회를 많이 줄수록 역사교육은 튼실해질 것이다. 역사力史교육이 될 수 있다.

그러나 안타깝게도 현실은 실망스럽다. 현재 우리의 역사공부는 결과주의다. 마치 베토벤이 '운명'을, 비발디가 '사계'를 작곡했다는 것은 알고 있음에도 그 음악이 어떤 배경에서 만들어졌고, 또 무슨 내용을 담고 있으며, 어떤 의미가 있는지 모르는 것과 같다. 역사적 사실의 맥락이나 그 의미보다는 단순한 결과적 사실만을 암기하는데 급급하다. 임진왜란 때 왜군을 무찌른 인물이 '이순신 장군'이고, 유관순 열사가 만세운동을 했던 날은 '1919년 3월 1일'이란 식으로 사람 이름 외우고, 사건이 일어난 연도 외우는 것으로 역사교육이 만족하고 있는 실정이다.

이런 역사교육에서는 마치 그리스 신화에 나오는 시지프스가 다시 굴러 내려올 줄 알면서도 산위로 바위를 굴리며 올라가는 것처럼, 외우고 까먹고 다시 외우는 고달픈 시간을 반복하게 될 것이다. 역사가 '힘'이 아니라 '짐'이 되는 모습이다. 더욱 걱정스러운 것은 결과주의에 매달리는 암기식 역사공부에 대한 냉소주의로 인해 역사에 대한 흥미와 역사교육의 진정한 의미를 잃어버리는 그런 상황인 것이다.

얼음 석 자 어는 게 하루 추위로 이뤄지는 것이 아니다 _ 스토리

라디오에서 들은 시청자 사연을 하나 소개한다. 중년의 주부가 이사를 하게 되었다. 살던 집보다 더 넓고 깨끗한 집으로 이사하게 되어 자못 들뜬 기분으로 준비한다. 부엌살림을 정리하는 데 오랜 친구가 도와주게 되었다. 그 친구가 한쪽에서 낡은 양은 쟁반을 발견한다. 워낙 낡았고 새로 입주하는 아파트는 식탁이 갖추어져 있어 쓸모가 없다고 생각한 그 친구는 쟁반을 쓰레기 쌓아놓은 곳에 버린다. 이를 본 여자는 화들짝 놀라며 쟁반을 다시 챙긴다. 친구는 궁상맞다는 둥, 요즘 누가 이런 다 찌그러진 쟁반을 쓰느냐는 둥, 옛날처럼 엿 바꿔 먹을 수도 없지 않느냐며 한참을 타박한다. 새로 지은 아파트에는 더더군다나 어울리지 않는다고 버리라고 혼을 낸다. 이에 주인 여성이 천천히 설명한다. 이 쟁반은 자신이 첫아이를 출산했을 때 친정어머니가 사주신 거란다. 산후 조리를 위해 한 달 정도 집에 머무시던 친정엄마가 떠나시기 전날 시장에서 사온 거란다. 이야기인즉슨 '애 낳고나서 무거운 것 들면 몸에 무리가 가서 훗날 크게 고생한다고 하시면서 무거운 나무 밥상 대신 가벼운 양은 쟁반을 쓰라' 고 하셨단다. 비록 찌그러지고 낡았지만 따스한 어머니의 사랑 때문에 이 쟁반은 자신에게는 보물과 같고, 그래서 버릴 수 없다는 말까지 덧붙인다. 양은 쟁반을 보며 이제는 돌아가신 어머니를 추억한다고 한다. 두 사람 모두 눈물을 흘리며 잠시 조용해졌다는 내용으로 사연을 맺는다.

이 양은 쟁반은 결코 하찮은 폐물이 아니다. 그녀에게는 소중한 보물이다. 그 이유를 우리는 충분히 공감한다. 거기에 따스한 이야기가 담겨 있기 때문이다. 말하는 사람이나 듣는 사람 모두가 새 집에 어울리지 않는다고 낡았으니 버리라고 말하지 않을 것이다. 담긴 이야기가 모든 사람을 공감하게끔 한다. 쟁반 그 자체는 보잘 것 없다. 하지만 쟁반에 새겨져 있는 이야기는 감동 그 자체다. 이 쟁반은 계속 집에서 그 가족들과 함께 있어야 할 것이다. 오래도록.

역사도 간단히 말하면 이야기story다. 오랜 세월동안 만들어져 온 이야기가 역사다. 시간의 이야기, 기나긴 시간의 흐름 속에서 살아온 사람들의 이야기다. 로마는 하루아침에 이루어지지 않았다. 역사적 사건은 자판기에서 나오는 커피처럼 한순간에 만들어진 것이 아니다. 역사 이야기는 순간의 지점에 멈춰서 있는 것이 아니라, 시간의 실타래에서 풀어져 나온 실과 같이 끊어짐 없이 길게 이어져온 하나의 스토리다. 역사는 곧 스토리고, 스토리는 '과정' 속에 녹아 있다. 얼음 석 자 어는 게 하루 추위로 이루어지는 것이 아니듯氷凍三 尺非一日之寒 역사는 한 켜 한 켜 포개져온 온축蘊蓄의 과정이다.

역사가 이야기인 이상 역사를 이해하기 위해서는 이야기가 전개되 어 온 과정을 살피는 것은 당연하다. 과정에 대한 설명이 없는 것은 무미건조한 주장일 뿐이다. 일방적인 주장은 이해의 대상이 아니라 기억의 대상일 될 뿐 공감을 얻기 어렵다. 심야에 위성중계되는 스포 츠 경기를 잠을 뿌리쳐가며 지켜보는 이유가 뭔가. 결과만 알고 싶다 면 편히 자고 아침에 확인하면 된다. 우리가 밤새 충혈된 눈으로 TV 앞에 모여 앉아 있는 까닭은 이기고 지는 승패의 결과 때문만이 아니 다. 그 경기의 진행 과정이 우리를 화장실도 못 가게 하는 것이다.

인지심리학자 로저 생크Roger Schank에 따르면 인간의 뇌는 논리 를 이해하는 데 적합하지 않다고 한다. 인간은 선천적으로 스토리를 이해하도록 만들어졌다는 것이다. 역사를 생동감 있게 만나기 위해 서는 결과중심의 접근을 벗어나 과정에 초점을 맞추는 것이 필요하 다. 결과를 중심으로 하는 역사 공부는 기억에 의존하게 되는데, 역 사공부의 본질은 암기가 아니기 때문이다. 과정을 알아야 이해가 쉽 고, 과정을 이해해야 역사에 대해 스스로 판단하고 의미를 찾아볼 수 있다. 밤새워 축구 경기를 지켜본 사람만이 관전평을 말할 수 있 는 것처럼 말이다. 이것이 바로 결과가 아니라 과정을 중심으로 역 사를 배워야 할 이유다.

과정에 주목한다는 것은 역사가 어떻게 '짜여져 있는지'가 아니라 어떻게 '짜여져 왔는가'를 알고자 함이다. 우리가 어떤 사람을 처음 만났다고 해보자. 이때 첫인상도 중요하지만, 그 사람을 정확히 알려면 보통 그의 지금까지 살아온 과정을 묻게 된다. 취업에서 이력서나 자기소개서를 필수적으로 요구하는 것도 이런 이유 때문이다. 역사의 진면목을 살피려면 어떤 배경에서 어떤 경위를 걸쳐 어떻게 결론지어졌는지 그 진행 과정을 추적해야 한다. 서울을 바로 알리려면 '서울의 현재 모습이 아니라, 서울의 600년 성장 이야기를 소개하라'는 충고도 바로 이런 배경 때문이다.

이어령 전前 문화부 장관은 외국인에게 경복궁 겉모습만을 보여줘야 큰 관심을 끌지 못한다고 했다. 외국인들은 한국·중국·일본의 궁 모습에서 큰 차이를 못 느낀다는 것이다. 그렇기 때문에 경복궁에 담겨 있는 한국적 정신을 알리는 것이 보다 중요하다고 말한다. 그가 강조하는 한국적 정신은 경복궁 기와에 고스란히 담겨 있다고 했다. '중국의 지붕은 남성적인 수키와로 직선적이고, 일본은 여성적인 암키와로 곡선인데 비해, 경복궁은 음양의 조화를 이룬다는 생각에서 두 기와를 적절하게 안배하며 지었다'고 한다. 따라서 경복궁의 외관이 아닌 경복궁에 담겨 있는, 즉 조화로움을 중시하는 한국인의 심성을 일러주는 것이 외국인이 한국을 이해하는 데는 더 도움이 된다는 것이다.

강원도 영월에는 단종의 능인 장릉莊陵이 있다. 장릉은 조선시대의 왕릉이라고 하기에는 너무나 초라하다. 왕릉은 한양 백 리 안에 있어

강원도 영월에 위치한 장릉의 전경

야 한다는 원칙에서 벗어났을 뿐만 아니라, 병풍석과 난간석도 없다. 그럼에도 2009년 세계문화유산에 등재되었다. 유네스코 실사단이 한국에 왔을 때 외진 곳에 옹색한 모습을 하고 있던 장릉에 의아해했다고 한다. 문화유산으로서 미흡하다는 인상을 받았던 것이다. 그러나 숙부에게 왕위를 빼앗기고 죽임까지 당해 동강에 버려진 시신을 충신 엄흥도가 수습하여 묻은 사연을 듣고 탄복했다고 한다. 문화유산으로 등재되었음은 물론이다. 어떻게 가능했을까. 왕릉으로서 제 모습을 갖추지 못한 볼품없는 능이 어떻게 세계문화유산에 오를 수 있었던 것인가. 그것은 바로 이야기의 힘 때문이다. 장릉이 이토록 외진 곳에 초라한 모습으로 자리하게 된 자초지종에 대해 사람들이 공감한 덕분이다. 이것이 역사의 힘力史이다. 역사의 힘은 그 모습의 웅대함에 있는 것이 아니다. 진정한 역사의 힘은 이야기 전개 과정에 있는 것이다.

이런 점에서 히틀러를 단순히 선악의 관점에서 그가 저지른 역사적 죄악을 나열하는 것으로 만족해서는 안 된다. 히틀러는 합법적으로 선출된 권력이었다. 따라서 역사교육이 주목해야 할 것은 나치의 잔인함을 폭로하는 것에 멈춰서는 안 된다. 당시 독일 국민들이 히틀러를 지지한 배경은 무엇인지, 정당하게 선출된 히틀러가 어떻게 독재자로 변신하게 되었는지, 잔혹한 민족 학살이 많은 독일인이 지켜보는 가운데 어떻게 가능했던 건지, 이런 문제들에 보다 깊은 관심을 기울여야 한다. 그것이 역사교육적 접근 태도다. 히틀러의 범죄적 행각만이 아니라 그런 반인륜적인 행위가 어떻게 가능했는지를 냉철히 살펴야 그런 불행을 다시는 반복하지 않기 위해 우리가 무엇을 해야 하는지 등을 분명하게 깨달을 수 있다.

역사교육은 과정을 공감하는 것에서 출발해야 한다. 과정 속에 담긴 흐름이 파악되어야 사실을 꿰뚫어보는 통찰력을 기대할 수 있다. 작금의 역사교육은 지나치게 '결과'에 매달려 있다. 역사교육은 기억의 전수傳受가 아니다. 이야기의 전개 과정이 사람의 이해력을 높여 주고, 더 큰 공감을 불러일으킨다. 역사가 결과 중심으로 박제되지 않도록 하고, 역사에 대한 이해와 공감 능력을 제고提高하기 위해 역사는 생생하게 살아 있어야 하며, 그러기 위해서는 역사의 상태가 아닌 과정에 시선이 보다 더 집중되어야 한다. 결과 중심에서 과정 중심으로의 전환은 역사교육이 반드시 따라야 할 책무이자 철칙이다.

사슴을 쫓는 자는 산을 보지 못한다 – 맥락적 이해

앞뒤가 맞지 않고 매우 엉뚱할 때 '생뚱맞다' 라고 표현한다. 상황이나 분위기와 동떨어진 말을 할 때 쓴다. 가까운 사람에게서 놀림을 받았을 때 '너, 죽을래!', 몹시 피곤하거나 힘들 때 '아, 죽을 것 같애!', 마음이 많이 상했을 때나 일이 제대로 안 풀릴 때 '꽉 죽어버리고 싶다!' 라는 말을 흔히 한다. 그런데 이런 말을 듣고 경찰에 신고하는 사람이 있을까. 안 한다. 정상적이라면 신고하는 사람이 없을 것이다. 왜? '느낌' 아니까. 어떤 상황에서 한 말인지, 얘기의 분위기나 말의 맥락을 알기 때문이다. 말 그대로 들으면 가만히 있어서는 안 될 일이지만, 그 뜻을 이해하면 그리 심각한 게 아니다.

중국 '칭다오'靑道에 머물 때 일이다. 초대한 사람이 동해로 바람

쐬러가자고 청했다. 넓디넓은 바다를 보며 커피도 한 잔하고 산뜻한 시간을 보내고 돌아왔다. 숙소에서 하루 일을 정리하면서 다녀온 바다의 위치를 지도에서 보고 아차 싶었다. 오늘 갔던 동해가 우리나라에서 보자면 서해였던 것이었다. 동쪽과 서쪽이 바뀌었던 것이다. 기준을 어디에 두느냐에 따라 한 지역도 정반대에 위치한다는 것을 새삼스럽게 또 한 번 확인하게 되었다.

지하철 역내에는 '주변 안내도'라는 게 있다. 역 주변의 주요 건물이나 방향을 한눈에 볼 수 있도록 표시한 안내 그림이다. 이 안내도에는 '현재 위치' 표시가 있다. 현재 내가 서 있는 곳이 빨간 색 삼각형으로 표시되어 있다. 내가 서 있는 위치를 모르면 방향을 잡을 수 없다. 그래서 현재 위치를 잘 보이게 표시한 것이다. 전화상으로 친구에게 길을 묻는 경우를 생각해보자. 길을 묻으면 친구는 '너 지금 어딘데?' 하고 되묻는다. '어디에 있는지' 모르면 '어디로 가야 하는 지' 알 수 없기 때문에, 우선 내가 어디 있는지 위치를 정확하게 파악해야 하는 것이다.

우리는 '식사하셨어요?'란 말을 마주한 상대에게 인사처럼 사용한다. 이 말에 대해 오해가 있는 듯하다. '배고픈 가난한 시절'에서 비롯됐다고 알고 있는 것이다. 배고픈 서민들이 끼니를 굶고 다니는 건 아닌지 걱정스러워 물어본 것이 안부 인사로 굳어졌다고 흔히들 말한다. 사실은 아니다. 이런 설명은 한국 음식 문화에 대한 이해 부족에서 나온 '생뚱맞은 것'이다. 역사와 문화에 대한 맥락을 모른 채 하는 말에 불과하다.

음식에는 한 국가와 민족의 생활양식이 배어 있다. 앞서 말했듯이 한국 음식 문화의 특징 가운데 가장 기본이 '식약동본동원'食藥同本同原이다. 자연과 조화를 맞춰 건강을 지키려는 한국 음식문화에서 '밥', '끼니', '식사'는 단순한 먹거리가 아니다. 음식은 곧 약처럼 건강과 직결되어 있기 때문에 '식사하셨어요?'라는 인사는 '굶지 않으셨어요?'를 묻는 것이 아니라, '건강하게 지내셨어요?'란 안부를 묻는 말인 것이다.

한국음식에 대해 레시피recipe가 없다고 투덜대는 사람이 많다. 정해진 요리법이 없이 각자 자기 내키는 대로 만들었기 때문에 음식 문화의 표준화, 국제화가 더디다고 지적한다. 이 또한 우리 문화에 대한 이해 부족에서 나온 것이다. 우리 음식은 서양처럼 레시피로 요리하는 것이 아니라, 우리 어머니의 '정성'으로 버무린다. 어머니의 '손맛'은 단순히 몸의 허기만 채우는 것이 아니라 마음의 허기도 달래준다. 요즘 영혼을 위로해주는 음식을 '소울푸드'soul food라고 하는데, 우리 음식은 그 시작부터 소울푸드였던 것이다. 어머니의 정성으로 만든 음식 때문에 누구나 똑같이 요리할 수 있는 레시피라는 것이 있을 리 없다.

여기서 질문 하나. 우리나라 김치가 몇 종류나 있는지 아시는지? 백김치, 물김치, 총각김치 …… 등등. 애써 손가락 꼽으면서 세지 마시라. 우리나라 김치의 종류는 '어머니 숫자' 만큼이란다. 어머니의 정성이 숫자로 표시될 수 있는가. 사람의 따스한 마음이 어찌 그램g이나 숟가락 몇 개로 똑같을 수 있는가. 자식에게 먹이고 싶은 것을 듬뿍 담고, 자식 건강에 좋은 것을 수북하게 넣어 만드는 간절한 음식이 어찌 맥도널드처럼 똑같은 맛을 낼 수 있는가. 당연히 어머니 숫자만큼의 정성스러운 음식이 나올 수밖에 없다.

'레시피가 없어 되는 대로 음식을 만들어 먹었다'는 말이나 궁핍한 생활에서 '식사하셨느냐' 인사가 나왔다는 말은 결국 역사·문화적인 맥락을 이해하지 못한 데서 나온 틀린 말이다. 역사와 문화는 보이는 현상 자체만 놓고 보면 오해가 생긴다. 역사는 오랜 세월을 걸치면서 서서히 무르익어 온 것이기 때문에 전체적 흐름 속에서 이해하려는 자세가 필요하다.

음식문화뿐만 아니라 더 근본적으로 인류 문명은 자연으로부터 직접적인 영향을 받으면서 형성되었다. 종교의 발생지는 문명의 발생지와 일치한다. 4대 문명의 발생지인 인도는 몬순형 기후로, 자연이 주는 혜택도 많지만 쓰나미와 같은 폐해도 크다. 그 앞에서 인간은 경외감을 느끼면서 한편으로는 무력감에 이 모든 것을 겸허하게 받아들이는 성향을 갖게 된다. 이런 수용의 자세가 종교에도 반영되어 힌두교와 불교가 대체로 자연 순응적 특징을 띠게 되었다.

반면 히브리 문명은 사막에서 발생했다. 사막은 생존 자체를 위협하는 척박한 환경이었다. 자연이 주는 혜택이 거의 없다. 그런 환경에서 살아남으려면 오직 인간의 강한 의지력이 필요했고, 이는 종교에도 그대로 투영되어 그리스도교와 이슬람교는 의지적 종교라는 특징을 갖게 되었다. 따라서 종교 활동이 매우 적극적이라, 불교나 힌두교와는 달리 선교활동이 활발한 모습을 띤다.

문화 역시 자연환경과의 관계 속에서 이해할 필요가 있다. 유럽 문화의 자연적 배경은 '숲'이 주가 된다. 교회건축을 대표하는 고딕성당의 예를 보자. 유럽 중세 시대에는 도시가 발달한다. 가난한 농민들이 농촌을 떠나 일자리를 찾아 도시로  모여든다. 자연히 도시는 인구가 증가하고 가난한 사람들의 도시생활은 넉넉하질 못했다. 이들은 외롭고 고달픈 일상 속에서 고향과 어머니에 대한 그리움을 간직하며 힘겹게 살아간다. 서민들의 이런 고달픈 일상을 교회가 위로해주고 어루만져주어야 할 필요가 있었다. 이러한 종교적 필요성이 교회건축에 반영되었다.

중세 후기 교회건축을 대표하는 '고딕' gothic에서 이런 현상이 두드러진다. 떠나온 고향집을 그리워하는 이들을 위해 고딕교회 내부에 숲을 형상화한다. 교회 전체를 떠받들고 있는 굵은 기둥은 숲에 우람하게 서 있는 나무를 상징한다. 그리고 기둥에서 뻗어나가 천정에서 옆 기둥과 만나면서 그리는 타원형 아치는 나뭇가지를 의미하고, 유명한 색유리인 스테인글라스는 나뭇잎을 의미한다. 나뭇잎 모양의 창유리 사이에 비쳐 들어오는 빛줄기는 자연의 숲을 비추는 신의 은총에 해당한다. 그리고 교회의 종과 오르간은 자연의 소리인 천둥과 번개를 각각 대신한다. 마음처럼 가 볼 수 없는 고향에 대한 그리움을 숲 장식을 한 교회 안에서 다소 풀고, 보고 싶은 어머니는 성모 마리아를 향해 기도하는 것으로 대신했던 것이다. 성모 숭배가 중세에 두드러지는 이유다.

이렇듯 서양문화의 자연적 환경이 숲이라면, 한국의 문화적 배경은 '산'이다. '백설공주', '헨젤과 그레텔', '잠자는 숲속의 공주' 등 서양 옛 이야기의 무대는 대체로 '숲'인데 비해 '단군신화', '해와 달이 된 오누이', '은혜 갚은 호랑이'처럼 한국 옛 이야기는 산속에서 전개된다. 한국 회화도 산수화山水畵가 가장 특징적이며, 생활 터전으로 배산임수背山臨水를 우선으로 꼽는 것도 산과 한국 문화가 깊은 관계가 있음을 보여준다.

한편 기독교 문화에서는 회화가 발달했다. 반면에 이슬람 문화에

서는 회화가 크게 눈에 띄지 않는다. 기독교 문화에서는 신앙의 내용과 대상을 형상화하면서 이미지 문화가 번성한다. 하지만 이슬람 문화에서는 알라신을 비롯한 이슬람 성인들을 그림으로 표현하는 것을 불경한 것으로 간주했기 때문에 회화가 발달하지 못했다. 대신 코란을 귀히 여기는 종교적 관습에 따라 서예가 크게 발달한다. 이슬람 문화 예술이나 사원(모스크)에는 기독교와 달리 이미지 장식이 거의 없다. 아랍의 양탄자나 이슬람 사원에서 보듯이 자연의 문양을 표현한 '아라베스크' 장식이 있을 뿐이다.

교회의 십자가에도 예수상이 있는 것과 없는 것이 있다. 예수상이 있는 십자가는 예수가 인류를 대신하여 십자가에 매달렸음을 강조하는 것이다. 개신교가 많이 사용하였으며, 특히 루터파 교회가 사용했다. 예수상이 없는 십자가는 예수의 부활을 암시한다. 예수가 부활하였으니 당연히 십자가에는 예수가 없다. 이는 주로 칼뱅파 교회에서 사용하던 십자가다. 오늘날에는 뚜렷하게 구분하지 않고 있으나 오래된 유럽의 교회에서는 이런 차이가 여전히 남아 있다.

이처럼 역사와 문화는 그 배경과 함께 이해해야 한다. 여러 상황과 결부시켜 보지 않고 사실 하나에만 집중해서 보게 되면 반쪽만 알게 되거나, 오해 혹은 왜곡까지도 불러올 수 있다. 사건 하나하나에 너무 매달려 큰 흐름을 놓치는 실수를 범하지 않기 위해서라도 성큼 뒤로 물러나 역사를 관조하는 자세가 요구된다. 한 걸음 물러서면 세상은 넓어진다. 사슴을 쫓는 자는 결코 산을 볼 수 없는 법이니, 사실에만 매달리지 말자.

역사는
두 언어가 필요하다 – 보편성

역사에는 자국어와 글로벌 언어 두 언어가 필요하다. 여기서 말하는 언어란 의사소통을 위한 도구로서 소리나 문자를 말하는 것이 아니다. 역사를 관찰할 때 그 사람이 보고 생각하는 태도나 행동 양식, 즉 관점을 뜻한다. 따라서 '역사에 두 언어가 필요하다'는 것은 곧 두 가지 관점에서 역사를 바라봐야 한다는 뜻이다. 다시 말해 자국의 관점에서 바라보는 것에 머무를 것이 아니라 세계사적 관점에서 함께 바라보는 것이 필요하다는 지적이다.

한국사도 마찬가지다. 한국사라고 그 의미와 영향이 한반도에만 한정되는 것은 아니다. 역사적 의미를 확대하거나 과장하는 것은 경계할 일이지만, 한국사 자체에 내포되어 있는 세계사적 의미, 보편적 가치를 외면하고 '작게 써서' 좁은 공간에 가둬둘 일은 더더욱 아니다. 자기 땅에 발을 붙이되 한반도 차원에서만 바라보는 것을 넘어 눈은 세계를 향해야 한다. 전통의 줄기를 가지고 세계를 포용하고 조화를 이루어 한국의 역사 이야기를 세계의 이야기로 만들려고 노력해야 한다. 지역적 경험을 보편적으로 발전시켜 한국과 세계가 소통할 수 있는 가능성을 높여 나가는, 그것 또한 오늘의 역사교육이 담당해야 할 역할이다.

이러한 당위성에도 불구하고 우리 역사교육에서는 이를 간과하는 경우가 많다. '한국전쟁', '한글 창제' 두 가지 예를 들어 본다.

역사교과서에 소개되고 있는 한국전쟁은 '물적·인적 폐해', '국토의 황폐화', '남북간의 적대감 고조', '전통적인 가치 규범의 붕괴와 개인 중심 사회로의 변화' 등으로 특징지어진다. 한결같이 '한국의' 역사적 사건으로 다루고 있다. 한국전쟁이 끼친 영향을 상세히 소개하고 있다. 하지만 전체 서술의 공간은 한반도에 머물러 있다. 한국전쟁을 '우리와 또 다른 우리'라는 시각으로만 바라보고 있다. 사실 한국전쟁과 그에 따른 남북분단은 현대 한반도를 움직이는 심장과도 같다. 정치뿐만 아니라 정치와 사회 모든 분야에 심대한 영향을 미치고 있다. 심지어 한국 학문 발전에도 부정적 영향을 끼치고 있다는 지적도 있다.

하지만 한국전쟁은 한반도만의 '작은 사건'이 아니다. 유럽의 역사교과서에서 한국역사와 관련 내용 가운데 한국전쟁이 양적으로나 내용적으로나 비교적 자세하게 다루어지고 있다. 이유는 한국전쟁을 미국을 포함한 유럽 현대 정치에 큰 변화를 이끈 세기적 사건으로 보고 있기 때문이다. 예를 들면, 독일 역사교과서는 한국전쟁이 서유럽의 결속 강화와 독일의 재무장 그리고 미국의 경제 붐에 결정적 계기가 되었다는 점에 초점을 맞추고 있다(마석한, 「독일 역사교과서에 서술된 한국 역사」).

> "한국전쟁은 미국과 서유럽 동맹국들에게 자신들의 안전보장을 위해 서독의 군사력이 불가피하다는 확신을 갖게끔 해주었다. …… 그에 따라 서독에 군대가 다시 창설되었다."
>
> "국제적 블록화의 경향 속에서 기존의 평화유지를 위한 원칙과 국제간의 분쟁 해결책 등은 더 이상 효력이 없게 되었음이 분명해졌다. 유엔의 평화유지 역할의 한계가 드러난 점도 지적할 수 있다 …… 보다 공격적이고 때로는 맹목적인 반공주의가 형성되어 서구 세계에 풍미하게 되었다."
>
> "미국 내에서 재래식 무기를 통한 대대적인 재무장을 하게끔 한 것도 한국전쟁의 결과였다. 군장비 생산의 증가로 경제가 비약적인 성장을 맞이하게 되었으며, 서독도 여기에 편승하게 되었다('코리아 붐')."
>
> "한편으로 한국전쟁은 미국에 경제붐을 일으켰다."

이상에서 보듯이 한국전쟁은 '한국'만의 사건은 아니었다. 국제 정치 및 서유럽 사회에 커다란 역사적 변화를 불러온 '세계적 사건'이었다. 전범국 독일에 대한 전후 조치들이 완화되었고, 강력하게 제지했던 독일의 재무장이 이루어졌으며, 미국을 중심으로 하는 세계질서 강화에 명분을 만들어주었던 것이다.

이렇게 세계사적으로 중요한 사건을 우리 역사교육은 너무 '우리'만의 이야기로 제한하는 경향을 보인다. 세계사적 보편성을 갖는 역사도 '한민족'의 특수한 역사로 스스로 시야를 좁혀서 보고 있다. '한국'의 역사로 웅크리지 말고 '세계'의 역사로 크게 펼쳐 보는 것이 요구된다.

영어로 바보를 뜻하는 'idiot'는 그리스어 'idios', 즉 '혼자 있음'에서 비롯됐다. 영어로 양심을 'conscience'라고 하는데, 그 어원은 라틴어의 'conscientia'로 '함께 안다'는 뜻이다. 한국사와 세계사 이 둘은 음과 양처럼 모순과 갈등의 관계가 아니라 서로 의지하여 존립하는 상대적相待的이고 상보적相補的인 관계로 정립돼야 한다.

'한글'의 경우도 너무 민족적 시야에서만 바라보고 있다. 문자라는 보편적 특성과 세계사적 의미가 빠진 상태에서 한글의 '우수성', '과학성'이라는 좁은 틈으로만 보고 있는 실정이다. 유럽 역사교과서의 대부분이 한글에 대한 언급이 없다. 한글의 '우수성', '과학성', '세종의 업적'이라는 우리만의 이야기로 만들어버린 결과다.

문자는 지식 전달체계다. 어느 곳이든, 어느 시대건 지식은 항상 강한 힘을 갖기 때문에 지식권력knowledge power으로 불렸다. 따라서 지식은 모두에게 개방되지 않고 소수에게 독점되는 경향을 띤다. 따라서 역사상 문자는 권력층의 전유물이 되었고, 지배계층은 이 지식권력을 독점하고자 대중의 문자 생활을 지속적으로 교묘하게 때로는 무력으로 간섭하려 들었다.

문자가 지식의 상징이자, 권력의 발판으로 소수에 의해 독점되어 왔지만 지배층에게는 가장 위험한 적이기도 했다. 지배층에 맞서는 반대 세력에게도 저항 도구가 될 수 있기 때문이다. 문자를 통해 비판의식이 확산되면 지배층에게 커다란 위협이 될 수밖에 없기 때문에, 이를 우려한 권력층은 극단적 정치이념에 사로잡혀 서적을 통제하고 검열하려 했고, 이것이 결국 '책의 학살'로까지 이어졌다.

이런 지식과 책에 대한 독점과 탄압은 동·서와 고·금을 떠나 항상 있어왔다. 중국 진시황의 분서갱유나 알렉산드리아 도서관 파괴처럼 인간의 역사 초기부터 시작해서 20세기 나치가 유럽에서, 세르비아가 보스니아에서, 이라크가 쿠웨이트에서, 마오주의자들이 중국 문화혁명기에, 그리고 중국공산당이 티베트에서 책을 학살했었다. 특히 우리는 일본 제국주의에 의해 우리의 말을 빼앗긴 아픔을 겪었다.

레베카 크누스의 『20세기 이데올로기, 책을 학살하다』에 따르면, 책은 단순한 문화유산이 아니라 "인간의 의지를 담은 목적지향적이고 유기적인 생명체이자 자존심"이다. 따라서 조직적인 장서 파괴를 "특정 집단의 문화 발달을 총체적으로 방해하고 삶의 질을 떨어뜨리고 자기 존중감을 훼손하는 일"이라고 규정한다. 그런 까닭에 책의 학살은 인종말살genocide과 문화말살ethnocide의 연장으로 이해한다. 문화말살이란 어떤 집단의 문화를 없애버릴 의도를 갖고 저지른 특정한 행위로 언어 사용 기회를 빼앗거나, 기억과 전통을 보존하지 못하게 하는 것 등이 포함된다. 언어를 빼앗아 입을 막음으로써 지배권력을 정당화하고 비판적 소리를 원천적으로 봉쇄하려는 시도였다.

에스페란토Esperanto운동이 힘을 발휘하지 못한 것도 같은 맥락 때문이라고 하겠다. 1887년 폴란드의 안과 의사인 라자루스 자멘호프Zamenhof, L. L.가 국제공용어로 에스페란토를 발표했다. 민족 간의 차별과 적대감이 본질적으로 언어 차이에서 비롯된다고 생각한 자멘호프는 9개 언어에서 공통점과 장점만을 뽑아 28개의 자모와 단순하고 규칙적인 문법체계로 만들어냈다. 모국어를 쓰되 다른 민족과의 교류에서는 에스페란토를 '국제보조어'로 사용하자고 제안했다. 에스페란토를 통해 인류 공통어로 민족과 종교를 초월한 인류공동체를 이루고자 하였던 것이다.

러시아 대문호 톨스토이의 지지를 받기도 했지만 에스페란토는 '위험한 언어'로 낙인찍혔다. 사람들이 언어의 장벽을 넘어 자유롭게 만나 대화하고 의사소통하는 행위를 두려워한 권력자들이 탄압에 앞장섰다. 자국 언어의 영향력 감소를 우려한 프랑스의 강력한 반대가 있었고, 독일 나치 시대에도 시련을 겪었으며, 1인 독재를 위해 대숙청을 벌이던 스탈린은 에스페란토 지지자들을 '반혁명분자'로 몰아 가혹하게 탄압했다. 정보 독점으로 권력을 유지하려는 이들에게 용납할 수 없었던 것이다. 영어를 모국어로 사용하는 나라들도 알게 모르게 에스페란토 확대를 방해하고 있다.

지식권력과 독점에 대한 끝없는 역사적 행보를 볼 때 '말의 민주화'는 '정치의 민주화'이자 '정신의 민주화'라고 할 수 있다. 일부 엘리트가 독점하던 지식을 일반 대중들도 생산하고 소비하면서 사회의 주변에서 중심으로 역사는 진행되어 왔다. 다시 말하면 지식의 흐름이 수직적 관계에서 수평적 관계로 바뀌면서 사회는 전진했던 것이다.

유럽역사에서 권력층이 독점했던 라틴어 중심의 지식체계가 무너졌다. 구텐베르크의 인쇄술 덕분에 각 지역 언어로 쓴 책이 폭발적으로 늘어나면서 종교개혁과 시민혁명, 그리고 산업혁명의 씨앗이 되었다. 종교개혁의 기수였던 루터보다 훨씬 앞선 시대에 살았던 성 프란체스코(1182~1226)는 당시 라틴어로만 읽히던 성서에 반기를 들었다. 라틴어는 귀족들만이 사용하던 언어였던 까닭에, 성서는 성직자들의 전유물이자 정신적 권력이었다. 일반인들은 신의 말씀을 직접 들을 수 있는 기회가 원천적으로 막혀있었다. 그래서 프란체스코는 '평화의 기도'라는 찬미가를 지었다. 라틴어가 아닌 아시시 지방(로마 북쪽)의 방언으로 써서 많은 사람들과 함께 신의 말씀을 직접 듣고자 했다. 이어서 이탈리아의 단테, 영국의 셰익스피어, 독일의 괴테, 러시아의 톨스토이가 모두 자국어로 글을 쓰면서 지식과 문화 및 종교의 대중화를 확산시켰으며 각국 표준어의 기반을 마련하였다. 이들이 오늘날 자기 나라에서 크게 추앙받는 것은 문학적 업적만이 아니다. 자신들의 언어 발달에 모범, 본보기가 되었던 점이 이들이 더욱 사랑받는 이유다.

문자가 널리 보급되면서 때로는 국가의 흥망을 좌우하기도 했다. 소련 붕괴 원인 가운데 중요한 것이 복사기라고 한다. 소련은 반정부 시위를 막기 위해 복사기 통제를 시도했으나 지하 출판물인 사미

즈다트 등 반체제 정보물의 유포를 막을 수 없었다. 일반대중들의 비판적 목소리가 마침내 소련을 근본에서 흔들었던 것이다. 소련에 있어서 복사기는 억압적 체제와 상극이었던 것이다.

1970년대까지 이란을 지배했던 팔레비 왕이 1979년 초 국외로 축출되었다. 그의 독재정치에 반기를 들고 혁명을 이끌었던 호메이니는 이란 민중의 환호 속에 이슬람 원리주의를 표방하는 새로운 정부를 출범시켰다. 1979년 이란혁명도 당시 널리 보급된 복사기가 없었더라면 불가능했다고 평가된다. 당시 '타락한 국왕에 맞서 순교자가 되라'는 호메이니의 반정부 구호는 대량으로 복사되어 이란 국민 사이에 널리 유포되었다. 이에 힘을 얻은 이란의 반정부 시위는 팔레비 왕을 국외로 축출하고 혁명정부를 구성하는 데 성공했다.

소련과 이란에서처럼 비판적 지식이 널리 보급되면서 이에 힘을 얻어 정치적 혁명에 성공했던 사건을 '제로크라시xerocracy의 승리'라고 부른다. 제로크라시는 복사기를 뜻하는 제록스xerox와 민주주의를 의미하는 데모크라시democracy의 합성어다. 복사기를 통해 민중 속으로 정보가 파고들어 대중의 힘을 결집하여 마침내 독재를 무너뜨렸다고 보았기 때문이다.

2011년에 불타올랐던 아랍권 민주화 열풍도 누구나 쉽게 정보가 공유되는 새로운 미디어 환경에 크게 영향을 받았다. 트위터나 페이스북 같은 SNS가 이러한 변화를 촉발·확산시켰던 것이다. 일련의 혁명적 물결을 'SNS혁명'이라 부르는 것도 이런 까닭이다.

이러한 혁명적 물결이 가능했던 것은 정보의 민주화에 있었다. 누구나 어렵지 않게 정보를 접하고 공유하면서 정치의식이 발전하고 그에 따라 정치적 정당성을 위해 행동하는 힘의 원천이 바로 말과 글이었던 것이다. 문자와 언어는 결국 단순한 의사소통의 수단만이 아니다. 그것이 곧 도덕적 정당성과 논리적 합리성 위에서 심오한 역사의식까지 내포하는 고도의 문화행위인 것이다. 과거 일부 엘리트가 독점하던 정보와 지식을 일반 국민도 접하게 되면서, 지식의 흐름이 과거처럼 수직적 관계가 아니라 수평적 관계로 바뀌었던 것이다.

정보의 민주화는 문자를 이해하는 시민계급의 발전을 전제로 하는 동시에 이를 촉진하기도 했다. 지식은 말과 글을 통해 퍼져간다. 특히 문자는 그 전파 규모에서 말보다 그 파급력이 훨씬 크다. 따라서 지식이나 정보의 확산은 '문자'의 이해 없이는 불가능하다고 하겠다. 따라서 정보의 민주화는 문자의 민주화이며, 문자의 민주화는 곧 정치의 민주화이자 정신의 민주화인 것이다.

문자의 역사성에 대해 긴 이야기를 했다. 이제 '한글' 이야기를 해보자. 조선은 사대부가 지식을 독점한 지식권력의 나라였다. 성리학적 지식을 독점한 사대부가 과거제도를 통해 관료층을 형성하고, 이를 토대로 정치적 권력을 장악하였다. 조선의 백성들은 양반의 독점적 지식과 그에서 비롯된 권력에 복종할 수밖에 없었다.

이러한 구조에 변화가 필요하다고 생각한 사람이 바로 세종대왕이었다. 세종은 당시 양반에 의해 독점되었던 지식을 백성들에게도 전해주려 하였고, 이를 위해 어려운 한자를 대신해서 서민들이 쉽게 이해할 수 있는 '언문'을 만들었던 것이다. 한자를 중심으로 양반계

층만이 향유하던 지식 문화와 달리 '한글'을 중심으로 하는 백성의 문화를 융성하게 하고자 과감한 '문자' 개혁을 시도했던 것이다.

알다시피 조선은 왕조국가였다. 왕조국가의 정치적 정점은 국왕이다. 성리학을 바탕으로 했던 조선도 한문으로 이루어진 강력한 지식권력의 사회였다. 세종의 한글 창제는 이런 구조를 근본에서부터 흔들었다. 송호근 교수에 따르면, 세종이 만든 언문으로 글자를 해독하게 된 백성들은 사대부와 다른 국문 담론장을 형성하면서 새로운 인민 계층이 출현하여 사회적 변화를 준비하고 있었던 것이다(송호근, 『인민의 탄생』). 지배층 독점의 한자 문화권과 대척점에 있는 백성들이 문자를 깨우치고 지식을 공유하도록 '문자 혁명'을 꾀하였다. 그것도 권력의 최정상에 있는 국왕이 직접 나선 것이다. 이는 왕조국가에서 유례를 찾기 힘든 대단한 결단이었다. 말을 함께 사용하고, 지식을 나누어 갖는다는 것은 곧 권력의 힘을 스스로 나누겠다는 의미가 된다. 이것은 바로 '언어의 민주화'이며 '문화의 민주화' 노력이다. 세계사적으로 전례를 찾기 어려운 선구적 역사의식이다.

이 점을 우리는 분명하게 밝히고 기억하고 알려야 한다. 그렇기 때문에 역사교과서에서 보듯 '한글의 우수성', '민족문화의 창달'이라는 우리만의 이야기로 국한할 이유가 전혀 없다. 최고 권력자인 국왕이 정치적 위험을 무릅쓰고 나라의 근본을 개혁하려고 하였다. 이것이 '말의 민주화'가 아닌가. 기나긴 세월동안 유지되어오던 지배층의 언어를 대신해서 백성의 언어로 만들고자했다. 15세기 무렵이었다. 백성들의 저항을 통해서가 아니라 국왕이 앞장섰다. 그런데 왜 우리 역사교과서는 이런 세계사적 의미를 스스로 외면하는 것인가. 한글의 우수성이나 과학성보다도 한글 창제의 '역사적 의미'가 다른 데서는 몰라도 '역사교육'에서는 더더욱 중요하다.

유럽의 종교개혁이 성공하는 데 루터의 '성서 번역'이 결정적 역할을 했다. 성직자와 지배계층이 라틴어와 지식을 독점하고 있었다. 교회를 개혁하려는 자들은 먼저 라틴어 중심의 사회 구조를 바꾸려고 했다. 루터가 지배층 언어인 라틴어로 된 성경을 백성들의 언어였던 '독일어'로 번역한 것도 그런 까닭이었으며, 교회와 권력층이 강하게 반발한 것도 자신들의 기득권을 잃지 않으려는 몸부림이었다.

기독교가 짧은 시간에 한국에서 '주류 종교'가 되었다. 여러 원인들이 언급되고 있다. 예를 들면, 한국인들은 유교, 불교, 샤머니즘 등 여러 종교를 두루 거치면서 하나의 종교에 집착하지 않았으며, 새로운 종교에 대해서도 개방적이었다고 한다. 한국인에게는 '하느님'이라는 개념이 있어서 '절대자', '유일신'이라는 개념을 이해하기가 쉬웠다고 한다. 반면 유일신 개념이 없는 중국이나 일본은 기독교가 쉽게 뿌리내리지 못했다. 한국에서 기독교 전파가 용이했던 또 하나의 이유로 '한글'을 꼽는다. 인도와 중국과는 달리 한국에는 '한글'이라는 쉬운 언어가 있어서, 한글로 번역된 성경을 쉽게 배울 수 있었다는 것이다. 기독교의 기본 사상과 믿음 체계가 일반 서민들에게 빠르게 전해지면서 교세를 확장했다고 한다.

이 종교개혁과 '성서 번역'은 우리 역사교과서에도 빠짐없이 언급되어 있다. 중국이 오랫동안 사용하던 번자체繁字體 대신에 간자체

簡字體로 바꾼 역사적 변화도 우리는 주목하고 있다. 16세기 루터의 성서 번역이 지닌 '역사적 의미'와 20세기 중국의 언어 혁명은 모두에게 가르치면서, 왜 15세기 '한글 창제'의 세계사적 의미에는 입을 다물고 있는 건가? 그렇게 좋아하는, 시간적으로도 '앞선' 업적임에도. 이것이 어찌 우리들만의 이야기인가. 서양중심주의를 우리 스스로가 생산하고 있는 것은 아닐까.

한국사라고 해서 우리끼리만 주고받아야 하는 것인가. 한국사라고 해서 한글로만 써야할 이유가 있는가. 글로벌한 시각으로 한국 역사를 조망해보자. 발은 한국 땅에 붙이더라도 눈은 세계를 보아야 한다. 한반도 차원에서만 역사를 바라볼 것이 아니다. 인류가 당면한 전 지구적 관심과 그 방향 및 맥을 같이해야 한다. 세계화Globalization와 지역화Localization의 합성어 글로컬라이제이션Glocalization은 경제에만 쓰일 수 없다. 오히려 역사교육에서 더 절실하다.

렌터카를 세차하는
사람은 없다 - 일반화

사람이 정보를 취득할 때 90~95% 정도는 시각을 통한다는 연구 결과가 있다. '우리 몸이 백 냥이라면 눈이 아홉 냥'이라는 옛말이 근거 없는 말이 아니다. 'eye 참!'이란 말도 한다. '보는 것이 진짜'라 할 만큼 우리의 인식 과정에서 시각이 결정적 역할은 한다는 것이다. '열 번 듣는 것보다 한 번 보는 것이 낫다'는 것은 교육적으로 새겨들을 말이다. 그만큼 배우는 데 있어 '눈이 보배'인 것이다.

역사는 먼 이야기다. 시간적으로 멀리 떨어진 지나간 사건들이다. 당연히 보이지 않는다. 보이는 것이 없으니 역사공부는 눈으로 할 수 없다. 역사공부가 쉽지 않은 이유 중에 하나다. 눈으로 볼 수 없는 과거의 이야기이기 때문에 역사책을 읽어도 그 내용이 구체적이고 실감 있게 다가오지 않는다. 가시적으로 다가오지 않으니 배움은 추상적이 되고, 손에 잡히지 않는 공부이다보니 흥미와 집중력이 떨어진다. 배움은 관심과 흥미로부터 시작되는 데 역사공부는 그 출발부터 삐걱거리는 것이다. 역사교육의 원초적 한계다.

흥미유발은 역사교육이 시급하게 해결해야 할 핵심적 과제다. 지난 이야기, 남의 이야기에 대해 어떻게 하면 관심을 갖게 할 수 있는지, 과거가 흘러가버린 시간이 아니라 오늘의 삶과 상호연관되어 있는 부분은 없는지 곰곰이 생각해봐야 한다. 이런 선결과제가 해결되지 않는다면 학교교육에서 역사교육이 강화되고 있고, 사회적 분위기가 고조되고 있지만 이는 표면적인 현상일 뿐 역사교육은 계속 외면 받게 될 것이다.

렌터카를 세차하는 사람은 없다. 내 차가 아니기 때문이다. 잠시 필요에 따라 사용하고, 사용 후에 되돌려주는 빌린 차를 위해 세차비를 지불할 사람은 아마 없을 것이다. 우리는 우리가 소유한 것, 우리와 관계된 것에만 신경을 쓴다. 나 자신의 문제만이 중요할 뿐이다.

역사를 렌터카 취급해서는 안 된다. 이런저런 시험을 위해 잠깐 기억해두었다가 시험이 끝나면 지워져도 상관없는 지식을 얻는 것이 역사교육이 아니다. 역사는 나와 별개가 아니다. 역사는 내 삶의 스승이자 도반道伴이다. 얼핏 멀리 떨어져 있고 나와는 상관없는 듯 보이지만 깊이 들여다보면 역사와 내가 긴밀하게 연결되어 있다. 역사교육은 이런 상호 관계를 보다 명확하게 드러낼 필요가 있다. 과거의 역사적 사건이 현재의 나와 어떤 연관이 있는지 적확하고 구체적으로 제시해야 한다. 이것이 흥미유발의 성패를 가르는 관건이다.

흔히 사람들은 역사적 사실을 특별한 사건이라 여긴다. 특정한 시점이나 장소에 한정된 그래서 보통과는 다른 특수한 사실로 간주한다. 바로 이런 생각 때문에 사실은 외로이 혼자 존재했다. 지금 우리와 아무런 연관성을 찾을 수 없는 개별적인 현상으로 다루어져왔다. 하지만 역사교육에서는 이런 시각을 받아들이기 어렵다. 만약 과거 역사가 현재 우리와 별개라면 진정 무관한 것이라 한다면, 과연 그 사실이 교육적 의미가 있다고 할 수 있을까. 그런 역사로부터 무엇을 배울 수 있을까. 반면교사가 됐든 정면교사가 됐든 일단 배울만한 것이 있다면 그것은 결코 우리와 무관할 수 없는 것 아닌가. 현재를 위해 교훈이 될 만하다는 것을 배운다는 것 자체가 과거와 현재가 서로 관련되어 있다는 사실을 전제하고 있는 것이 아니겠는가. 다만 그 연관성이 분명하게 드러나 있는 것이 아니기 때문에 우리가 없다고 착각할 뿐이다.

과거와 현재, 옛 사람과 나와의 연관성은 객관적으로 존재하는 것은 아니다. 그 관계는 우리가 적극적으로 맺어주어야만 비로소 드러나는 '잠재적 관계'다. '잠재적'이란 객관적이고 유일한 관계가 아니라 필요에 따라 맺어지는 주관적이면서 다양한 관계라는 의미다. 이러한 잠재적 관계를 찾아내어 구체적이고 명확하게 제시하는 것이 역사교육의 맡은 바 책임이며, 이것이 가능해야 나와 역사의 관계를 공감할 수 있고, 그래야만 역사교육이 제대로 기능하게 될 것이다.

역사교육의 본질은 단순한 사실史實의 집적集積이 아니다. 역사교육의 본질은 집적된 사실을 오늘의 눈으로, 교육적인 관점에서 재배열하는 데 있다. 과거를 유수처럼 흘려보내는 것이 아니라 오늘에도 살아 있는 삶의 스승으로 삼기 위해 역사를 배우는 것이다. 이런 배움을 가능하게 해주는 한 가지로 '일반화'를 꼽을 수 있다. 일반화는 과거와 현재, 옛 인물과 나와의 잠재적 관계를 실재적 관계로 구체화하는 방법으로 '사실과 사실 간에 관계를 찾아내어, 특별한 경험을 널리 적용할 수 있도록 재구성하는 것'을 말한다. 사건과 사건, 과거와 현재, 특정 인물과 일반인, 개별적 사건을 일상적인 일로 연결할 수 있도록 역사를 구조화하는 것이다. 사실들에 존재하는 공통적 특징을 밝혀 이것을 기반으로 사실들을 체계적으로 이해하는 방식이다. 예를 보자.

20세기 악마로 불리는 히틀러. 그가 쓴 『나의 투쟁』의 모든 단어마다 125명, 한 페이지마다 4700명, 한 장章마다 120만 명이 생명을 잃었다고 한다. 유대인 학살은 잘 알다시피 2차 세계대전 때 독일과 유대인 사이에 일어났던 유럽의 역사다. 시간적으로 반세기 훨씬 전에 공간적으로도 멀리 떨어진 유럽에서 일어난 사건이다. 언뜻 보기에 나와는 별 관계가 없는 듯하다. 하지만 이 사건을 좀 더 일반화시켜 보면, 우리와도 관계가 있음을 알 수 있다. 나치의 만행은 강자가 약자에게 저지른 극단적 폭력행위였다. 근거 없는 인종적 편견을 이용해서 혐오감·증오감을 불러일으켜 약소민족에게 씻을 수 없는 악행을 저지르면서 자신들의 정치적·경제적 야욕을 채우려했던 강자強者 독일의 반인륜적 행태였다.

이러한 인종적 차별 현상은 오늘날도 계속되고 있다. 최근 들어 유럽에서 집시 또는 보헤미안이라 불리는 소수민족이 심하게 차별을 받고 있다. 영국에서는 이들의 집단거주지를 강제 해산시켰고, 체코에서는 이들 자녀에 대한 교육 기회를 배제시키고 있다. 슬로바키아는 초등학교를 다니던 집시 아이를 특수학교로 강제 분리시켰다. 스웨덴에서도 경찰이 이들을 불법적으로 감시·관리하고 있다. 한편 프랑스 정부는 집시들의 주거지를 철거하고 프랑스 밖으로 추방해야 한다고 주장했다. 그리스에서는 집시 아이들을 유괴해 앵벌이를 시키다 적발된 사건들이 계속 보도되고 있다.

집시 혹은 보헤미안으로 불리는 이들은 9세기부터 인도 북부에서 유럽으로 이동해 왔다가, 1940년대 독일 나치의 박해를 피해 루마니아와 불가리아로 대거 이동했다. 현재 유럽 전역에 1000~1200만 명이 흩어져 살고 있는 것으로 알려졌다. 유랑민족인 이들을 흔히 '집시'라고 부르지만 유엔 등 국제기구에서는 '로마'라는 명칭을 공식 사용하고 있다. 로마는 '순례자'란 뜻으로 이 유랑민족이 스스로를 그렇게 부른 데서 비롯됐다.

인종적 편견이나 차별은 우리도 무풍지대가 아니다. 얼마 전 EBS-TV에서 실험을 했다. 거리에서 길을 묻는 외국인에게 우리 한국인이 어떻게 대응하는 지를 알아보는 실험이었다. 여기에는 백인과 동남아시아인이 출연한다. 백인이 길을 물을 때와 동남아인이 물을 때 차이가 있는 지를 확인하려는 의도였다. 그 결과는 짐작대로였다. 거리

시민들은 동남아인보다 백인에게 훨씬 친절한 행동을 보였다. 지나치다 싶을 정도로 백인에게 친절을 베푸는 경우도 종종 있었다. 반면 동남아인에게는 시선도 제대로 주질 않고 황급히 피하는 사람도 여럿 있었다. 이게 현실이다. 우리도 서구인과 아시아인을 다른 시선으로 보고, 차별적으로 대하고 있는 것이 엄연한 현실이다.

외국인뿐만 아니라 같은 내국인끼리도 경제적 차이를 차별로 이어가는 현상이 목격된다. 마찬가지로 EBS-TV 실험이다. 신호등 앞에 정차한 경차 운전자와 고급 승용차 운전자에 대해 어떻게 반응하는지를 관찰하는 실험이었다. 정지 신호등 앞에 차가 서 있다. 신호등이 녹색으로 바뀐다. 하지만 일부로 출발을 지연한다. 뒤에 서 있던 차들이 얼마 만에 경적을 울리는 지를 측정한다. 경차는 불과 2초도 되지 않아 여기저기서 경적이 울린다. 반면 고급 외제차는 약 7초 정도가 지나서야 경적 소리가 들린다. 경차냐 고급차냐에 따라 사람들의 반응이 극명하게 달랐다.

유대인도 예로부터 유럽인에 의해 차별적인 대우를 받아왔다. 이미 알려진 종교적 측면 외에도 유대인의 '고리대부업'도 그 배경이다. 셰익스피어의 작품 『베니스의 상인』에서 보듯이 유대인은 재리財利에 밝아 높은 이자놀이를 통해 많은 돈을 벌었다. 당연히 유럽인의 원성을 샀다. 이렇게 이어져온 유대인에 대한 부정적 이미지를 나치들은 자신들의 제국주의적 야욕을 위해 정치적으로 악용했던 것이다. 인종차별이 극단적 폭력으로 이어져 나타난 것이다.

지금도 많은 나라에 인종차별이 존재한다. 드러나지 않던 차별적 시선이 정치·경제·외교·종교·문화적인 이유 때문에 증폭하게 되면 어렵지 않게 폭력으로 이어지는 경우는 지금도 세계 곳곳에서 볼 수 있다. 과거와 현재가 크게 다르지 않은 것이다. 따라서 나치와 같은 위험은 지금도 다른 모습으로 숨어 있는 것이다. 실험에서 보듯 한국도 인종차별에서 자유롭다고 장담할 수 없는 상황이다.

이처럼 일반화는 개별적인 사건들에 관계를 파악하고, 의미를 부여하고, 그 저변에 있는 구조적 특징을 꿰뚫어 볼 수 있다. 우리가 나치의 역사를 배우는 이유가 여기에 있다. 다양한 사건들을 일반화라는 한 꿰미로 엮어내어 통찰력을 기르고 교훈을 얻는 것이다. 인종적 편견이 폭력으로 이어지지 않기 위해 우리가 무엇을 배워야 하는 지 히틀러가 반면교사 역할을 하는 것이다.

예를 하나 더 보자. '정의의 이름으로 너를 용서하지 않겠다.' 어디서 많이 들어 본 말 아닌가. 1990년대 중반 TV에서 큰 인기를 얻었던 만화 영화 '세일러 문'에 나오는 대사다. 정의라는 이름으로 불의不義를 저지른 자를 벌하는 과정이 그 주된 내용이었다. 엄밀하게 보면 이 만화는 역사가 아니다. 그러나 역사를 '과거에 일어난 일'이라는 의미로 본다면 얼마든지 역사라고 할 수 있다. 이 만화에서 '정의를 지키기 위해 힘을 사용하는 것은 정당하다'라는 암시적 메시지가 읽힌다. 옳지 못한 것에 대해 결코 용납하지 않고 엄하게 벌을 가해 응징하겠다는 강한 의지를 담고 있다.

세일러 문과 반대의 경우가 2013년 작고한 넬슨 만델라다. 부당한 인종차별에 맞서 싸우다 27년간 투옥되었다가 71세에 풀려나 비

폭력·화합노선을 주창하면서 남아공 민주화에 결정적 역할을 했다. 세속의 성자로 추앙받는 그는 정의를 실현하기 위한 방법으로 용서와 관용을 강조한다. 세일러 문처럼 '힘'이 아니라, '사랑'을 기반으로 관용을 베풀어 용서하면서 서로 화합하여 정의를 안착시킨다는 것이다. 만델라의 역사적 행보는 저 먼 남아공의 한 사람의 이야기에 머물러 있지 않다. 우리 역사교육에서도 그를 주목한다. 그가 우리에게 '정의로 가는 길'이 어떠해야 하는지 직접 보여주었기 때문이다.

만델라의 민주화 운동은 아프리카의 한 나라에서 발생한 사건으로 국한되지 않는다. 그의 정치적 행보를 정치·사회적 갈등 해결의 과정으로 일반화하면, 이는 남아공만의 문제가 아닌 세계적 문제가 된다. 갈등을 해결하고 사회적 정의를 실현하는 것은 모든 나라의 시급한 과제이며 우리도 결코 예외가 아니다. 정의를 실현하는 데는 차갑고 엄격한 '법'의 힘이 아니라 따뜻하고 부드러운 '사랑'의 힘이 더 효과적이라는 사실을 일깨워준 공통의 사건이었다. 이러한 그의 가르침은 빅토르 위고의 『레 미제라블』에도 담겨 있으며, 이 작품이 책이나 영화로 우리에게 큰 인기를 얻은 것도 바로 우리와 무관하지 않다는 사실 때문일 것이다. 우리가 깊이 공감하기 때문이다. 히틀러가 반면교사라면 만델라는 정면교사로서 우리에게 무엇을 배우고, 앞으로 어떻게 해야 하는지 명확하게 제시하고 있다.

시·공간적으로 동떨어진 역사적 사건은 개인의 삶속에 내재화됨으로써만 의미 있는 경험이 된다. 내재화에는 일어난 사건에 대한

지식과 함께 정서적 친근감이 동반되어야 한다. 그렇지 않고서는 그때그때 소모적인 경험만 쌓게 될 뿐이다. 이런 내재화를 위해서는 일반화라는 방법을 통해 각각의 사건들 간의 잠재적 성격을 구체화하여 나와의 연관성을 찾아내면 훨씬 강렬하게 경험할 수 있다. 흥미유발을 이끌어내는 것이다. 이렇듯 특정한 과거의 사건도 현재 우리와 관계를 맺을 때 비로소 그 역사교육적 의미가 살아난다. 역사는 아무것도 가르쳐주지 않는다. 역사의 가르침은 얼굴을 감추고 있다. 역사를 교육적으로 일반화하여 옛날 일도 나의 삶과 연결될 수 있음을 깨닫고 이를 계기로 흥미를 되살려서 의미 있는 가르침을 이루어내야 역사ヵ史교육이 가능해진다.

사실은 혼자
다니지 않는다 – 종합적 사고

　아프리카에는 '죽은 백인의 옷' 이라는 말이 있다. 유럽이나 미국에서 헌옷 수거함에 모인 옷들을 아프리카의 상인들이 헐값에 사들여 아프리카에서 판다. 아프리카의 옷 시장에 가면 어디에서나 이런 옷들을 쉽게 볼 수 있다고 한다. 그런데 지나치게 싼 이 옷들 때문에 아프리카 섬유산업이 위기를 맞게 된다. 잠비아의 경우를 보면, 18개나 있던 섬유공장이 모두 문을 닫게 되어 그곳에서 일하던 사람들이 일자리를 잃고 빈곤층으로 전락하게 되었다. 아프리카의 가난한 사람들을 위해 선의로 옷을 기부했건만, 그 옷으로 인해 아프리카에서는 오히려 커다란 사회적 문제가 발생했던 것이다.

　앞면이 있으면 뒷면도 있기 마련이다. 사실은 혼자 다니지 않고 늘 길고 진한 그림자를 달고 다닌다. 때로는 보이는 앞면 보다 감춰진 뒷면이 더 진실에 가까울 수도 있다. 보통 앞면은 반짝인다. 그러나 뒷면은 어둡다. 도심의 빌딩은 정문 입구가 웅장하고 깨끗하다. 반면 건물 뒤는 지저분하다. 에어컨 실외기, 쓰레기통, 잡동사니 등이 엉켜 있어 흉측하기까지 하다.

역사에도 이런 앞뒤가 있다. 그런데 우리는 대부분 앞면만 본다. 우리가 다니는 길은 주로 앞 쪽에 나있기 때문이다. 하지만 역사의 진실은 뒤에 있는 경우가 더 많다.

미국 코네티컷 주에는 '모히건' Mohegan이라 부르는 원주민 부족이 모여 산다. '늑대'라는 뜻을 가진 모히건 족은 1600년대 유럽인이 들어오면서 자신들의 생활터를 잃었다. 2만 에이커(약 2천5백만 평)에 달하던 땅이 0.25에이커(약 300평)만 남았다고 한다. 통계에 따르면 유럽인이 이주한 뒤 모히건 족 자녀들의 50~75%가 유럽인이 세운 기숙학교로 보내졌다. 소위 '개화'라는 명분으로. 여기서 이들은 영어와 유럽식 교육을 받고 서양식 생활 방식을 익히며 기독교로 개종했다. 이른바 미개한 원주민을 현대식 교육으로 소위 '문명화' 했다.

그러나 모히건 부족은 유럽식 '개화교육'을 전혀 다르게 받아들였다. 자신들의 정체성과 문화를 말살하는 행위로 간주하였다. 문화 말살이란 어떤 집단의 문화를 없애버릴 의도를 갖고 저지르는 특정한 행위로 언어 사용 기회를 빼앗거나, 기억과 전통을 보존하지 못하게 하는 것이다. 따라서 이들의 어린 자녀들을 유럽식으로 교육함으로써 마침내 인디언 언어와 문화가 사라지게 되고 결국에는 '인디언스러움', 즉 그들의 정체성까지도 증발해버리고 만 것이다. 실제로 유럽식 교육을 마치고 돌아온 이들 자녀들은 가정 내에서 부모 세대와 심각한 갈등을 겪고 전통적인 가치와 생활 방식을 거부하면서 마침내 부족 공동체가 붕괴되고, 많은 부족원들이 알코올과 마약 중독에 빠져들었다고 한다. 유럽인들에게는 화려했던 서부 개척의 성공신화가 이들에게는 부족의 몰락을 낳았던 것이다. 그동안 우리는 반짝이는 금으로 도금된 미국사의 겉면만을 주로 보고 배웠다. 그러나 뒤쪽에는 또 다른 진실이 숨어 있었다.

하루 중 밤낮이 교차하는 시간이 있다. 해와 달이 함께하는 시간이다. 프랑스에서는 '개와 늑대의 시간'이라고 부른다. 예술가들은 이 시간대의 하늘이 가장 아름답다고 하여 '매직 아워' magic hour라고 부른다. 역사도 앞과 뒤를 모두 드러낼 때 참모습을 볼 수 있고, 그 때 역사는 가장 진실에 가깝고, 그래서 아름답다. 매일 밝은 날만 계속 있다면 세상은 사막이 된다. 역사도 빛만 보여주려 한다면 많은 진실이 은폐되고 역사교육은 관광용, 홍보용으로 전락하고 말 것이다.

세계유산이란 인류가 후손에게 길이 물려줘야 할 소중한 자산이나 보물을 말한다. 흔히들 세계유산이라고 하면 '좋고 아름다운 것'만 연상하지만 슬픈 역사의 흔적도 세계유산으로 지정된 것이 많다. 가령 아프리카의 세네갈 연안에 있는 고레Goree란 이름의 작은 섬이 있다. 이 섬에 훌륭한 옛 건축물이 있다거나 찬란한 문화유적은 없다. 이 섬은 16세기에서 19세기까지 아프리카 흑인 노예를 아메리카 대륙으로 보내는 노예무역의 중계기지였다. 19세기 초까지 지구상에서 가장 수익이 많이 나는 사업이 노예무역이었다고 한다(앤드류 니키 포룩, 『에너지의 노예, 그 반란의 시작』). 흑인 노예를 사고팔면서 서구인들의 돈주머니가 가득 채워졌다. 하지만 서구인들의 돈주머니가 두둑해질수록 고향에서 사라지는 아프리카 흑인들의 숫자도 그만큼 늘어나고 있었다.

1450년부터 1850년까지 400여 년 동안 적어도 6000만 명의 흑인들이 서구인들에 의해 고국에서 사라졌다. 7세기부터 19세기 말까지 계속된 아랍인들의 노예무역 규모도 이에 못지않았다. 전체적으로 1억 명이 넘는 흑인의 영혼이 노예무역에 희생된 것으로 알려져 있다. 18~19세기 유럽인들의 노예 수요가 폭발적으로 늘어나자 그 규모는 급성장했다. 유럽인들의 노예무역은 포르투갈인들이 길을 텄고 네덜란드인들이 제도화했으며 영국인들이 규모를 키웠다. 유럽 선박들은 아프리카 서해안으로 가서 노예를 사서, 서인도제도에서 노예를 팔았다. 아메리카 대륙에 하역된 노예들은 16세기에 90만 명, 17세기에 275만 명, 18세기에 700만 명, 19세기에 400만 명에 달했다. 45cm 간격으로 쇠사슬에 묶인 채 배에 실려 끌려가면서 평균 5~6명 당 1명꼴로 살아남아 노예상인에게 넘겨졌다고 한다(W.E.B. 듀보이스, 『니그로, 아프리카와 흑인에 관한 짧은 이야기』).

역사의 뒷그림자가 진하게 배어 있고, 아픈 상처가 깊게 패어 있는 이곳 섬이 1978년 세계 문화유산으로 지정됐다. 역사상 다시는 되풀이하지 않기 위해서는 이런 역사를 잊지 말아야 하고, 그러기 위해서는 아픈 현장도 잘 보존해 후대에게 물려줘야 한다는 의미에서 선정된 것이다.

제2차 세계대전 중에 독일이 유대인을 강제로 수용하고 독가스 등으로 살해한 아우슈비츠 강제수용소나 원자폭탄을 맞고 건물 뼈대만 남아 있는 히로시마 원폭 돔이 등재된 것도 마찬가지 이유다. 남태평양의 비키니 섬은 수십 차례에 달하는 핵 실험으로 인해 섬 주민 대다수가 방사능 피폭을 당했다. 인류의 잔인하고도 끔찍한 역사를 기억하고자 2010년 유네스코는 세계유산으로 지정한다.

이러한 비극적 역사의 현장을 방문하는 여행을 다크 투어리즘dark tourism이라고 부른다. 비참한 역사의 현장을 직접 보고 느끼면서 무언가 깨달음을 얻고자하는 목적에서 떠나는 여행이다. 당연히 대상지는 반反인류적인 행위로 대규모 인명 피해가 났던 곳이 우선 꼽힌다. 일제의 아픈 과거를 잊지 않으려는 많은 사람들이 서대문형무소를 방문하는 것이 가까운 예라 하겠다. 이른바 '역사교훈여행'이다.

원래 진실은 뒤에 있을 때가 많다. 역사는 화장을 자주 그리고 두껍게 한다. 역사는 자연과 몽매함을 극복하면서 살아온 인간 '승리의 기록'이기도 하지만, 반대로 역사는 인간의 어리석음을 끝없이 되풀이해온 '과오의 기록'이기도 하다. 따라서 치장한 겉모습과 첫인상으로 판단하지 말고 늘 가려져 보이지 않는 뒷모습을 찾으려고 노력해야 한다. 피라미드 뒤에는 수많은 노예들의 피가 스며있고, 근사한 궁정 뒤에 수많은 흉측함이 숨어 있다. 우리도 역사의 앞면이 유난히 강조되고 있다. 광화문에서 보듯 영광된 역사의 빛에 취해 그 뒷모습을 외면하거나 존재 자체를 망각하고 있는 경우가 많다.

에드워드 존 포인터(1836~1919)의 작품

　　대체로 권력대립에서 앞이 그 뒤를 감추는 경우가 두드러진다.
약 350여 년 전에 일어난 예송논쟁이 대표적이다. 14세 어린 나이에
인조의 재혼 상대로 간택돼 왕비 자리에 자의慈懿대비 조씨가 올랐
다. 그녀의 나이 14세 때였고, 인조는 43세였다. 1649년 인조가 승하
하자 사별한 첫째 부인(인열왕후)의 아들 효종이 왕위를 이었다. 맏아
들이었던 소현세자가 일찍 죽자 둘째아들이 왕위를 물려받은 것이
다. 이에 따라 인조의 부인 조씨가 효종보다 5살이나 어린 25세에
대비가 되었다. 그런데 효종마저 10년 뒤인 1659년에 숨졌다. 왕이
죽음에 따라 자의대비는 3년간 상복을 입어야 했지만, 효종이 차남
이라는 점을 중시하면 1년 만 입어도 된다. 이것이 갈등의 원인이
된 1차 예송논쟁(기해예송)이었다.

15년 뒤 효종비妃이자 효종의 뒤를 이은 현종의 어머니 인성왕후 장씨가 56세로 세상을 떠났다. 자의대비 나이가 50세 때이니, 인성왕후는 여섯 살 젊은 시어머니를 모셨던 것이다. 예법에는 시어머니는 맏며느리가 죽으면 1년복을 입고, 둘째 며느리가 죽으면 9개월복을 입게 돼있다. 자의대비가 얼마간 상복을 입어야 하는가를 놓고 2차 예송논쟁(갑인예송)이 벌어진다.

서인은 왕실도 사대부와 같이 『주자가례』인 중국 예법을 따라야 한다고 주장했고, 왕권 강화를 추구하던 남인은 왕실의 예는 사대부의 예와 다르니 『경국대전』에 따라야 한다고 주장했다. 결국 1차 예송에서는 서인의 주장대로 1년 복상服喪으로 2차 예송에서는 남인의 주장이 받아들여져 1년간 상복을 입었다.

조선 정국에 폭풍을 불러일으켰던 두 차례 예송은 실은 3년상이냐 1년상이냐의 예법 문제가 아니었다. 본질은 권력투쟁이자 이해利害 싸움이었다. 당파적 이익의 속내를 감추기 위해 '예법'으로 포장했던 권력다툼이었던 것이다. 성호星湖 이익李瀷이 지적한 대로 그럴듯한 명분을 내세워 싸움이 일어나지만 "싸움이 밥 때문이지, 말이나 태도나 동작 때문에 일어나는 것이 아님을" 알아야 한다.

역사는 보이는 모습 그대로가 아니다. 역사는 육안으로 볼 수 없는 부분이 많다. 때문에 중요한 것은 대상에 있는 것이 아니라 보는 눈에 있다. '사실史實은 혼자 다니지 않는다'는 점을 분명히 인식하면서 그 뒤에 무엇이 있는지 항상 집중 관찰해야 할 것이다. 웅장한 로마의 원형경기장에서 로마시민이 환호하던 격투기는 그들에게는 오락이었을지 모르지만, 경기장 내에서 격렬하게 싸우던 사람들에게는 절박한 목숨을 건 사투였다. 마키아벨리의 말대로 '궁전에 있는 자와 광장에 서 있는 자가 각각 생각이 다르다.'

　인간의 역사는 울퉁불퉁하다. 부끄럽고 비극적인 역사, 실패의 역사가 이어져왔다. 극복된 비극은 더 이상 비극이 아니며, 실패에서 배우지 않는 성공은 없다. 갈지자로 걸어온 역사가 오히려 우리 자신을 돌아보게 하고 우리를 겸손하게 한다. 역사교육이 배우고자 하는 것도 다를 바가 없다. 역사교육은 성공담 위주의 자서전을 기대하는 것이 아니다. '아픈 만큼 성숙' 해지려는 인간을 위해 역사는 곁에 있는 것이다.

좋은 배우는
좋은 관객이 만든다 – 현재성

우리는 어떤 물건을 만들기 전에 먼저 그 용도를 결정한다. 만들어서 어디다 쓸 것인가부터 정하고 나서 제작을 시작한다. 다시 말하면 사용목적부터 먼저 정하고 나서, 그 목적에 맞게끔 물건을 만들어 간다. 종이 자르는 도구가 필요해서 칼을 만드는 것과 같이, 시간적으로 '어디에 사용할 것인가'부터 정하고 난 후에 그를 위해 '무엇을', '어떻게' 만들 것인가가 뒤따르는 것이다. 물건을 다 만들고 난 후 그것을 어디에 쓸 건가를 정하는 경우는 정상적인 경우가 아니다.

실존주의를 대표하는 철학자 사르트르에 따르면, 종이를 자르는 용도와 목적이 칼의 '본질'에 해당되고, 칼이라는 물건 자체는 '실존'이 된다. 따라서 '쓰임새부터 정하고 그 후에 칼을 만든다'는 일반적 사실은 '칼의 본질이 칼의 실존보다 우선한다'는 말이 된다. 그의 유명한 표현대로 하면, '본질이 실존에 앞선다.' 칼의 경우는 그렇다.

사람의 경우를 보자. 인간의 경우에도 물건을 제작할 때와 같이 본질이 실존에 앞서는 건가? 인간에게는 출생 전에 특정한 목적과 역할이 정해져 있지 않다. 어떤 목적을 정해놓고 아이를 낳는 경우는 없기 때문이다. 태어나기 전前이 아니라 태어난 후後 자라면서 비로소 꿈과 목표를 정하고, 이를 달성하고자 노력하는 존재가 바로 인간이다. 이런 사실에 따라 당연히 인간에게는 실존이 본질에 앞선다. 인간이 태어나기 전까지는 그 어떤 목적도 정해진 바가 없으며, 그렇기 때문에 인간은 그 근본에 있어 자유로운 존재인 것이다. 이것이 사르트르의 실존주의다.

'실존이 본질에 앞선다'는 사르트르의 실존주의를 역사교육적 관점에서 보자. 역사교육은 현재를 사는 사람이 과거의 역사를 만나는 작업이다. 역사교육에서 말하는 '역사'는 실존이 앞서는가? 아니면 본질이 우선하는가? 결론부터 말하자면 역사도 인간과 마찬가지로 실존이 본질에 앞선다. 근본에 있어 역사는 교육적 목적을 위해 존재하는 것은 아니다. 과거에 일어난 일 또는 그 기록이라고 하는 역사가 현재의 우리에게 무엇인가를 가르쳐주기 위해 그때 그 시절에 발생한 것이 아니라는 것이다. 교육적 의도와는 전혀 상관 없이 역사적 현상들이 일어났고, 우리는 그 가운데서 교육적 가치를 물어 배우고 가르치는 것이다. 따라서 역사교육적 의미에서 역사라는 실존은 교육적 목적인 본질에 앞선다.

실존이 본질에 앞서기 때문에 인간은 자유로운 존재라고 했다. 역사도 실존이 본질에 선행하는 까닭에 역사 또한 자유로운 존재라고 할 수 있다. 과거에 일어난 역사는 그때 그 시절 모습을 원래대로 지니고 있는, 그래서 교육적 의도나 목적이 전혀 담겨 있지 않은 별개의 자유로운 상태로 존재한다. 랑케가 역설하던 '과거에 원래 있던 그대로' wie es eigentlich gewesen war!의 역사인 것이다.

'원래부터 있던' 그대로 있으니 움직이지 않고, 움직이지 않으니 방향성이 없고, 방향성이 없다는 것은 곧 지향하는 목적이 없다는 뜻이 된다. 땅에 있는 흙이나 산의 나무 등은 그저 이렇게 있을 뿐인 존재다. 마찬가지로 역사는 역사교실에 들어서기 전에는 어떤 본성도 지니지 않으며, 아직 그 쓰임이 정해지지 않았으니 교육적 가치 또한 없다. 이른바 공성空性 상태라 하겠다. 공성이란 어떤 것에도 정해진 본성이 없다는 뜻이다. 정해진 본성도 목적도 없고 운동성마저 없으니 역사교육에서 역사는 스스로 움직이지 않는 수동적 존재다.

우리는 모든 역사를 배우지 않는다. 한국사를 단 한 순간도 빼놓지 않고 빠짐없이 배우지 않는다. 그럴 수도 없다. 그래서 선택을 한다. 교육적 가치를 판단하여 골라서 배운다. 5000년의 역사 가운데 우리에게 필요하다고 생각되는, 배울만하다고 판단되는 것을 비교해서 선택적으로 배운다. 따라서 역사가 제 발로 스스로 교실에 들어오는 것이 아니라, 우리가 초대한 극히 일부만이 입장할 수 있다.

역사에 대한 교육적 가치는 역사 자체가 품고 있는 것이 아니다. 가르치고 배우는 자가 판별한다. 공성空性상태인 그래서 교육적 가치나 목적에서 자유로운 역사에 배울 만한 의미와 가치를 부여하는 주체는 역사를 가르치고 배우는 사람들이다. 역사의 교육적 의미는 결국 배우는 우리가 판단하는 것이 마땅하다. 배움이란 '지금 이곳'에서 사는 우리의 활동이다. 따라서 지금 가르치고 배우는 사람이 관심을 갖는 것, 중요하다고 생각되는 것이 높은 역사교육적 가치와 의미를 지니게 되는 것은 당연하다. 배우는 사람에게 많은 가르침을 줄 수 있는 역사가 높은 가치를 지니게 되고, 그렇지 않은 역사는 아무리 두드러진 역사적 사건일지라도 역사교육에서는 한발 뒤로 물러날 수밖에 없다. 역사는 현재를 사는 우리들의 요청이 있을 때에만 역사교실에 들어올 수 있다.

경영학에는 '수익경영'Revenue Management이라는 용어가 있다. 상품이나 서비스에 대해 고객이 느끼는 가치에 따라 그 가격을 책정하는 경영기법을 말한다. 예를 들어 국산차가 외국에서보다 국내에서 비싼 이유를 설명하는 이론이다. 국내 소비자는 국산차를 높게 평가하여 그 가치를 비교적 고가로 평가한다. 반면에 유럽 특히 세계적 명차를 생산하는 독일에서는 한국 자동차가 독일 자동차에 비해 상대적으로 낮게 평가된다. 따라서 비싼 물류운송비가 포함되었음에도 독일에서 한국 차는 한국에서 보다 가격이 싸다. 같은 자동차라 해도 사회적 상황에 따라 가치에 차등이 생기는 경우다.

적시의 바늘 한 땀이
아홉 땀을 줄여준다 _ 시의성

배움이 공허해지지 않으려면 현실을 굳건히 딛고 있어야 한다. 배움의 뿌리는 과거가 아니라 현실에 내려져야 한다. 내 삶이 영위되고 있는 현재의 흙에 '나'라는 씨앗을 심어 미래의 삶에서 결실을 얻고자 하는 것이 교육이다. 이때 과거의 역사가 거름 역할을 하는 것이다. 현재의 토양 속에서 뿌리가 잘 자라게 하고 흙을 기름지게 하기 위해서 주는 거름이 바로 '과거의 역사'가 되는 것이다. 따라서 역사교육에서 시선은 '현재'에 모아질 수밖에 없으니, 이 '현재성'이 역사교육의 핵심적 특징이라 꼽을 수 있다.

시간은 움직인다. 움직이는 것은 변화를 수반한다. '현재'도 불변으로 고정되어 있지 않다. 시간의 움직임에 따라 '현재'도 그 모습이 달라진다. 따라서 역사의 교육적 가치도 시간을 이겨낼 수 없다. 시대가 변하면 교육적 가치도 따라서 변하게 되는 것이다. 결국 모든 역사는 시대적 상황에 의해 교육적 가치가 결정될 수밖에 없다.

변하지 않는 전통은 없다. CCM(Contemporary christian music)이라고 하는 성가聖歌가 있다. CCM은 발라드·록 등 대중음악 장르를 기본으로 기독교적 내용을 담아낸 현대 기독교 음악이다. 알려진 대로 대부분의 종교는 변화에 매우 신중하고 더디다. 그러나 현대인들이 복잡하고 어려운 것에 대해 거부감을 많이 느끼자, 1960년대 미국 기독교계에서 이러한 시대적 상황에 따라 변화를 받아들인 것이다. 청중이 따라 부를 수 있도록 쉬운 멜로디와 리듬에 종교적 메시지를 담아 예배용 음악으로 활용하게 된 것이다. 우리나라에서도 1980년 대부터 '복음성가' 란 형태로 불리기 시작했다고 한다.

1793년 세워진 세계 최대 규모의 박물관인 루브르박물관이 최근 들어 만화를 전시하기 시작했다. 가장 고전적인 예술품을 소장하고 있는 루브르박물관이 가장 대중적 장르라고 할 수 있는 만화와 손을 잡고 일반인에 보다 적극적으로 다가가려는 목적에 따른 것으로 알려졌다. 루브르박물관 관장은 "우리의 야심은 이 두 세계에 견고한 가교를 만들어 만화 독자들에게는 루브르의 전시작에 관심 갖게 하고, 관람객에겐 생동하는 우리 시대 창작에서 비롯된 새로운 표현의 예술 작품을 발견하게 하려는 것" 이라고 설명한다. 한마디로 시대적 흐름에 걸맞게 전통적인 박물관의 모습을 탈바꿈하려는 의도인 것이다.

서양의 전통 악기도 시대적 변화에 적응해왔다. 바이올린·비올라·첼로 등 널리 알려진 악기는 어린이용이 따로 있단다. 그래서 조기 음악교육이 수월하다. 그러나 국악 분야는 사정이 다르다. 아이들 체형에 맞는 악기가 거의 없다고 한다. 수요가 적고 개량 기술이 축적되지 못한 데다 전통을 고수한다는 강박관념이 겹쳐서다. 길이가 1m 40cm인 가야금을 어린이가 연주하기엔 무리다. 전통 대금도 길이가 88cm나 된다. 국악 교육과 대중화를 위해 국악기를 다양화해야 한다는 목소리가 전통 고수라는 이유 때문에 제대로 들리지 않았다는 것이다. 그러다 마침내 최근 들어 가야금·해금·대금을 초등학생도 쉽게 접하게끔 작고 가볍고 싸게 개량하는 데 성공했다고 한다. 시대를 견뎌내지 못한 것이다.

옛말에 '제철음식은 치료약이자 예방약이다' 라고 했다. 계절에 따라 병이 오고, 계절에 따라서 치료제가 온다하여 음식도 계절에 맞춰 먹으라고 강조했다. 그러면 병도 치료된다는 것이다. 또한 '아침저녁으로 조수潮水가 들고 나는 때' 를 맞추면 물고기 낚는 것도 수월하다 했고, 때에 맞게 행동할 때 '철이 들었다' 고 표현하였다. '옷을 기울 때는 짧은 바늘이 필요하고, 긴 창이 있어도 그것은 소용없다. 비를 피할 때는 작은 우산이 필요하고, 온 하늘을 덮는 것이 있어도 소용없다' 는 원효의 가르침, '적시의 바늘 한 땀이 아홉 땀을 줄여준다' 는 경구, 이 모든 것들도 가벼이 듣고 넘길 수 없다. 때를 놓치면 역사교육은 단순한 사건을 모아놓은 문서철文書綴에 불과하다.

10년 동안 TV를 한 번도 보지 않고 하루도 빠짐없이 재판 기록과 판례 및 법조문을 읽은 학구파 법관이 있다. 그래서 누구나 실력을 인정하는 대가가 되었다고 한다. 그런데 대부분의 사람들이 그 판사에게 재판 받기를 싫어했다고 한다. 그 이유는? 무엇보다 그 판사의 현실적 공감 능력에 대한 의문 때문이라고 한다. 사람들은 법관이 단순히 법조문이나 판례에 따라서만 재판하기 보다는 동시대인들과 공감할 수 있는 판결을 기대한다고 했다. 시대와 공감할 수 있는 재판을 바라는 것이다. 법관도 복잡다단한 세상을 이해하려 노력해야 하고, 동시대인들이 어떤 고통과 고민, 희망을 갖고 살아가는지 알아야 한다고 믿는 것이다.

이렇듯 우리들의 삶은 '때'에 맞게 영위될 때 건강도, 경제도 그리고 바람직한 행동도 기대될 수 있다. 배움 또한 '때'를 맞춰야 하는 것은 당연하다. 역사교육도 예외일 수 없다. 역사를 때에 맞게 가르치고 배우지 못한다면 과거에 대한 지식을 어디다 쓸 수 있겠는가. 과거와 현재가 따로 논다면, 그런 '철없는' 과거에 대한 지식은 쓸모없다.

시의성을 지닌, '철들은' 역사교육이 가능하기 위해서는 역사 지식도 유연해야 한다. 시대적 상황이나 사정은 변하기 마련이다. 따라서 역사교육도 그러한 변화에 맞춰가야 하고, 그러자면 역사지식은 고정되어 불변하는 지식이 아니라, 시간적 흐름 속에서 그 의미가 끊임없이 변하는 상대적인 지식, 즉 연성軟性지식이어야 한다. 시대적 상황이 역사교육을 변화시키고, 그 시대적 상황조차도 시간의 흐름 속에서 달라짐에 따라 역사교육은 늘 변화를 겪게 마련이다.

숙명과도 같은 역사교육의 가변성可變性은 역사교육에 대해 유연성을 요구하게 되고, 그에 따라 역사적 지식은 늘 변화 가능성을 지니는 연성지식일 수밖에 없다. 역사교육의 시의성은 곧 역사교육의 가변성을 의미한다.

역사의 배움은 '인간'을 향한다
– 인문적 역사교육

　　인류는 역사에서 많은 것을 배우며 발전해왔다. 홀로 사는 것보다 모여서 사는 것이 유리하다는 것을 자각하면서 민족 혹은 국가라는 공동체를 형성하며 살아왔고, 자유와 평등이 인간다운 삶의 최소한의 조건이라는 사실을 깨닫고 이를 위해 굵은 땀과 진한 피를 흘려왔다. 한편 인류의 지적 능력이 성장하면서 자신감을 얻게 되어 마침내 농업혁명과 산업혁명을 이루어내면서 경제적으로도 크게 성장했다. 역사에서 자신감과 용기를 얻었던 것이다.

　　하지만 근대화 이후 민족과 국가에 위선과 세속의 헛된 욕망의 심술이 덧붙여지면서 우리는 박애博愛보다도 편애偏愛를 부추겼다. 국가가 군화를 신고 남의 삶을 짓밟고, 핏줄 이데올로기가 다른 민족의 피를 빨아먹는 흡혈귀吸血鬼가 돼버린 현상을 독일이 대표적으로 보여주었다. 프랑스에 짓밟힌 독일은 게르만 민족주의라는 동력에 불을 지펴 통일과 국민국가 형성의 길로 나섰다. 그 결과 64년 만에 프랑스와의 전쟁에서 승리해 '제2제국' 을 선포함으로써 통일의 꿈을 이루었다. 그러나 독일은 민족이라는 '배' 를 타고 갈라파고스로 가고 말았다. 민족주의에 인종주의까지 덧씌워지면서 '인종청소' 라는 반인륜적인 만행을 저지르고, 민족주의가 배타적이고 공격적인 '쇼비니즘' Chauvinism 과 '징고이즘' Jingoism으로 전락하면서 세계적인 전쟁을 불러왔다.

한편 국가가 주도하는, 위로부터의 근대화 과정을 겪는 과정에서 개개의 국민들은 매스게임의 조각처럼 공공을 위한 하나의 객체로 전락했다. 국가의 권위에 개인의 자유가 무릎을 꿇고 개인이 국가 목표의 수단으로 동원되는 과도한 국가중심주의가 인간을 아프게 하였다. 민주주의 사회란 주체적인 개인이 모여 바람직한 공동체를 구성하는 것이다. 따라서 국가라는 권위로 개인의 자율성과 인권을 억누르는 것은 민주주의적 근본 원리에 어긋나는 것임에도 불구하고 민주주의의 깃발이 펄럭이는 가운데 개인이 국가 집단을 위해 희생하도록 강요받았다.

민족중심주의나 국가중심주의에는 이처럼 인간을 위협하는 잠재적 공격성을 미금고 있었다. 역사교육이 그러한 공격성을 진무鎭撫하고 억제해야 하거늘 오히려 그것이 역사교육까지 삼켜 버려 역사교육이 민족과 국가의 야수성을 위장하고 실천하는 나팔수와 전위대로까지 전락해버렸다.

이에 대해 역사는 엄중하게 경고하고 나섰다. 잔뜩 부풀려져 터지면서 인간을 섬뜩하게 했던 민족주의도 '인간' 앞에서는 겸손해야 함을 깨우쳐 주었다. 인간 개개인을 쉽게 걷어찼던 국가중심주의도 '인간' 앞에서는 고개 숙여야 한다고 가르쳐주었다.

한 나라의 힘이 경제력과 국방력이라 믿었던 지난날의 어리석음도 질타하고 있다. 국부國富가 커져도 국민이 가난하면 무슨 소용인가. 나라가 아닌 그 나라에 살고 있는 국민이 부유해야 하는 것 아닌가. 국부가 아닌 민부民富가 한 나라의 진정한 경제력이다.

또한 국력의 상징이 첨단 무기의 퍼레이드에 있다고 믿던 '무신' 武神시대는 저물어 가고 있다. 그런 기준 자체가 잘못되었다는 것을 우리는 역사를 통해 똑똑히 보았다. 이제는 무력에 의한 안보가 아닌 인간에 의한 안보 시대가 다가오고 있다. 세계화의 대열에서 소외된 빈곤층을 구제하고 환경 재앙과 폭력 및 건강의 위험으로부터 개개인을 보호하는 '인간 안보' Human Security가 장기적으로 세계평화와 안보에도 기여할 것이라는 믿음이 생겨났다. '무기의 힘'이 아닌 '인간의 힘'이 진정한 나라의 힘이며, 인간다운 삶의 모습이 곧 한 나라의 문화의 힘이 되는 시대가 온 것이다.

민족이나 국가라는 틀의 범주에 놓고 세상을 바라보는 이상, 인간 삶의 다채로운 스펙트럼을 살펴보는 데 실패할 수밖에 없다. 이제 민족과 국가라는 개념을 유연화하는 것은 피할 수 없는 시대적 요청이다. 안에 있기 때문에 보이지 않는 것은 때론 밖으로 물러나면 잘 보인다. 물론 누구든 민족이나 국가의 정체성을 간직한 채 살아가야 한다는 것은 변할 수 없다. 필요한 것은 전통의 줄기를 가지고 인간과 세계를 포용하고 조화를 이루는 것이다. 과거처럼 출입문도 없이 높고 딱딱하기만 했던 민족과 국가의 울타리를 인간에게 걸맞은, 인간을 향해 활짝 열려 있는 울타리로 고치자는 것이다.

인류 역사상 멸망하지 않은 유일한 것은 인간에 대한 '사랑' 뿐이다. 천년왕국 신라, 해동성국 발해, 로마제국, 몽고제국도 보이질 않고, 알렉산더, 카이사르나 진시황도 사라졌다. 그런데 인간에 대한 '사랑'과 인간다움에 대한 '열망'만은 지금도 건재하다. 노비 만적과 노예 스파르타쿠스가 몸을 뿌려 외쳤던 것도 '인간답게' 살고자하는 것이었고, 독일인 루터가 95개 조의 반박문을 결연하게 내걸었던 것도 '인간애'라는 종교적 본모습을 되찾고자 함이었고, 수많은 사람들이 광장에 모여 피로써 외쳤던 것도 자유와 평등이 인간다운 삶에 필요한 최소한의 조건임을 알리기 위해서였다. 수천 년이 지나도 인간은 인간인 것이다.

민주국가의 가치체계는 휴머니즘을 근간으로 한다. 휴머니즘은 인간의 존엄성을 최고의 가치로 여기고, 인종·민족·국가·종교·성性 따위의 차이를 초월하며, 인류의 안녕과 복지를 도모하는 데 이상을 두고 있다. 다가올 미래사회는 역사상 그 어느 시기보다 인간이 어떤 삶을 살아가느냐에 따라 그 모양새가 달라질 것이다. 역사의 시간은 인간편이기 때문이다. 역사는 결국 민심을 좇아 흐른다. 때문에 역사교육의 북극성도 당연히 '인간'이 되어야 한다. 인간다움에 대한 진정한 물음이 사라질 때 문화와 역사는 그 생명력을 잃게 되고, 역사교육은 메말라간다. 우리가 믿고 있는 개인의 자유와 책임, 인권이라는 가치는 다음 세대에도 보편적인 가치로 전승되어야 한다. 이 자명한 진리에 따라 역사의 배움도 인간을 향해야 하는 것은 필연이다.

산업화와 근대화 과정을 통해 우리는 직선과 수직을 선호했다. '빠름'을 위해 구불한 골목길 대신에 직선 길을 건설했고, 계단 대신에 엘리베이터를 설치했다. 인간의 발걸음과 호흡보다 빠른 기계의 속도에 맞추면서 살아가고 있다. 빠를수록 좋다는 '경쟁'이 사람을 움직이는 엔진이었다. '앞으로 나란히', '선착순'이란 속도가 인간을 숨 가쁘게 몰아붙였다. 기계가 사람을 하인으로 부리고, 돈이 기관차처럼 인간을 질질 끌고 다니고, 자연이 인간의 공장과 놀이터로 탈바꿈하였고, 물질에 눈 먼 사람이 약자를 사냥하는 식인종으로 변했다. 제동장치도 비상등도 없이 녹색등만 켜놓고 달렸고, 계속 달리라고 외쳐댔다.

그러던 바깥세상이 점차 변하고 있다. 사람을 찾기 시작했다. 옛날에는 산이 좋아 산에 가는 게 아니었다. 땔감과 먹을거리를 구하기 위해 산을 돌아다녔다. 그러던 것이 산업화 시대를 맞아 사람들은 '정상 정복'을 위해 바삐 산을 올랐다. '고지가 저긴데' 멈출 수 없었다. 곧바로 빨리 올라가 '야호'를 외쳐야 한다. 얼마 전까지만 해도 우리는 그렇게 산 정상을 향했다. 그러나 지금은 어떤가. 위를 향해 오르는 게 아니라 둘레를 돌고 있다. 구태여 정상에 오르려 하지 않고, 서둘러 '야호'를 외치려고 하지도 않는다. '야호'는 안 불러도 좋고, 부르려고 하지도 않는다. 자신의 속도로 내 호흡에 맞춰서 산 주위를 천천히 거닐며 자신과 자연을 둘러본다.

졸업장이 사람의 얼굴을 가려서는 안 되고, 돈이 아무리 쌓여도 인간의 심장 아래에 머물러 있어야 하고, 기계·기술이 절대로 사람에 앞서서는 안 되며, 화장을 아무리 진하게 한다 해도 인간의 마음까지 가리지는 말아야 한다는 것을 일부나마 몸소 느끼기 시작했다. 경제성장과 행복은 비례하지 않는다는 '이스터린의 역설'도 입증되었고, 지난 2011년 7월에 열린 유엔총회에서 만장일치로 궁극적인 인간의 목표로서 GDP 대신 행복을 추구해야 한다는 결의안을 채택했다. 절망에서 희망을 찾고자하는 노력의 불씨를 지피고 있다.

기술의 진화 방향도 '사람'을 향하기 시작했다. 그동안 똑똑한 기술은 효율성과 생산성을 높이는 데만 관심을 두었으나 최근 들어 인간 중심을 지향하며 사회문제를 해결하는 새로운 방식으로 인식되기 시작했다. 스마트 기술을 기반으로 참여·개방·공유의 장이 형성되면서 '인간을 재발견한다'는 시대정신에 부응하고 있다. 다시 말해 기술의 진화도 '인간적 가치'에 중점을 두고 있는 것이다.

역사가 인간에게 용기와 자신감만을 일깨워준 것이 아니다. 역사는 올바른 삶, 사람다운 삶을 위해서 용기만이 아니라 '겸손' 또한 필요하다고 경고하면서, '좋은 것' good 보다는 '옳은 것' right을 추구하는 것이 인간의 갈 길임을 분명하게 보여주었다. 우리는 겉모습이 서로 다르고 문화가 달라도 인간이라는 한 울타리 속에 살아가는 인류가족human family이라는 것, 따라서 인간의 존엄성을 최고 가치로 여기고 개인의 자유, 평등, 인권이라는 보편적 가치를 삶의 푯말로 삼아야 한다는 것을 겸허하게 수용하도록 명하고 있다.

그동안 민족이나 국가 공동체를 개인과 대립적인 관계로 보았다. 민족과 개인, 국가와 개인을 분리시켜 보려는 이분법적 태도가 그동안 역사교육을 위축시켰다. 역사교육에서 중요한 것은 이 둘 가운데 어느 것을 선택할 것이냐의 양자택일적 문제가 아니다. 역사교육이 진정 고민해야 할 것은 이 둘을 어떻게 조화롭게 만드느냐. 민족과 국가라는 원심력과 개인적 인간의 삶이라는 구심력이 어떤 모습으로 서로 공존할 수 있겠는가를 끊임없이 생각하고 논의하는 것이 역사교육이 해야 할 의무인 것이다. 지나친 한국중심주의에서 벗어나기 위한 노력도 절실하며, 동시에 역사적 정체성의 중심축이었으며 독립운동의 횃불이었던 민족주의를 어떻게 참된 모습으로 지켜갈 것인지도 함께 고민해야 하는 것이다.

이런 과제를 해결하는 동력은 '인간'이 되어야 한다. 원심력이든 구심력이든 그 어떤 것도 '인간'이란 원점을 떠나서는 의미가 없다. '인간의, 인간에 의한, 인간을 위한' 역사교육이 아르키메데스의 점이다. '아르키메데스의 점'이 지구를 들어 올릴 수 있듯이, 역사교육을 움직이는 아르키메데스의 점은 바로 '인간'이 되어야 한다. 민족과 국가도 '인간'에게 겸손해야 한다는 사실을 우리는 크나큰 비용을 지불하면서 배우고 있다. 우리가 역사를 가르치기에 앞서 역사에서 배워야 할 점이다. 민족과 국가의 내부자에서 인간의 삶을 위

해 민족과 국가의 관찰자의 역할도 기꺼이 수용해야 한다. 이런 것부터 배우고 깨달은 사람만이 역사교육을 논할 자격이 있다. 역사교육에는 인간의 얼굴이 필요하며, 역사ヵ史의 배움은 '인간'을 향해야 비로소 가능하다.

걸어온 역사 나아갈 역사

2014년 8월 1일 초판 1쇄 인쇄
2014년 8월 10일 초판 1쇄 발행

지은이   마석한
펴낸이   정창진
펴낸곳   행복한세상
출판등록 제2013-25호
주소   서울시 관악구 행운2길 52 칠성빌딩 5층
전화번호 (02) 871-0213
전송   (02) 885-6803

값   13,000원
ISBN   979-11-85280-13-4 03900
Email   yoerai@hanmail.net
biog   naver.com/yoerai

▪ 잘못된 책은 구입하신 서점에서 바꿔드립니다.

이 도서의 국립중앙도서관 출판시도서목록(CIP)은 e-CIP 홈페이지(http://www.nl.go.kr/ecip)와
국가자료공동목록시스템(http://www.nl.go.kr/kolisnet)에서 이용하실 수 있습니다.
(CIP제어번호: CIP2014021716)